글로벌 관광비즈니스

Global Tourism Business

Global Tourism Business

글로벌 관광비즈니스

신덕상. 이미선. 이 윤. 오현정. 김희선 공저

동문사

Freword

머리말

최근 한국과 한국 문화에 대한 세계인들의 관심이 높아지고 한국어를 배우고자 한국에 오는 유학생들이 늘면서 전공 교과목에 대한 한국어 교재의 필요성이 제기되었다. 대학교에서 수업을 듣는 유학생들은 기존의 한국인 학생을 대상으로 출간된 전공 교재로 수업을 듣게 되는 상황에서 학습에 어려움을 느낄 수밖에 없다. 이에 따라 유학생들의 수준에 맞는 한국어 전공 교재의 출간에 대한 논의도 활발하게 이루어지고 있다.

이러한 요구에 따라 본 교재는 대학교의 관광 관련 학과 학생들과 외국인 유학생들을 위한 전공 교재로 활용하고자 한다. 이 교재는 기본적으로 중급 수준의 한국어 구사가 가능한 외국인 학습자를 대상으로 제작하였다. '글로벌 관광비즈니스'는 전공과목인 만큼 다소 어려운 전공 어휘가 포함되어 있기는 하지만 한국어 중급과정을 마치고 대학에 입학한 토픽 3~4급 정도의 학습자들이 이해할 수 있을 만큼 쉽게 풀어서 썼다.

본 교재는 대학의 15주 수업을 기준으로 중간고사와 기말고사를 제외한 나머지 13장으로 구성했다. 또한 관광비즈니스와 관련한 다양한 주제를 다루고 있으며, 관광비즈니스 활동에서 중요하거나 자주 접하는 다양한 과제를 익힐 수 있도록 구성하였다.

각 과는 제목, 도입 그림이나 사진, 도입 동영상 QR, 동영상에 대한 질문, 생각해 보기 질문, 전공 및 관련 어휘, 어휘 확인 연습 문제, 본문, 본문 내용 확인 문제, 과제와 활동, 더 알아봅시다로 구성되어 있으며 교재의 뒷부분에는 참고문헌, 모범답안, 어휘색인이 있다.

각 과의 제목은 그 과의 주제를 나타내며 13개 과에 걸쳐 선정한 주제들은 관광비즈니스에서 중요한 주제이거나 꼭 학습해야 할 내용이다. 이 교재의 가장 큰 특징은 시청각 자료를 적극적으로 활용할 수 있도록 동영상 QR을 넣은 것이다. 모바일을 활용해 QR을 찍어서 언제 어디서나 쉽게 접근할 수 있도록 했으며, 재미있는 동영상을 통해 흥미와 관심을 가지고 수업에 집중할 수 있도록 했다. 또한 가장 최근에 제작된 사진 자료와 풀칼라로 된 이미지는 수업에 한층 흥미와 이해를 더할 것이다.

글로벌 관광비즈니스가 유학생뿐만 아니라 전국의 전문대학교나 일반대학교에서 수업을 듣는 관광학과 학생들에게 도움이 되기를 바란다.

본 교재는 관광비즈니스의 관점에서 관광학 전반의 이해를 돕고자 하였다. 그렇기 때문에 관광학개론이나 관광자원과 연계해 관광학의 입문 과정에서 강의하면 효과가 있을 것이다.

끝으로 이 책이 출간될 수 있도록 수고와 도움을 주신 많은 분들께 감사를 드린다. 특히 내용 감수를 해 주신 서정대학교 관광경영과 안학영 교수님의 도움에 감사드린다. 끝까지 편집과 자료정리를 도와준 도서출판 동문사 관계자분들께도 감사의 인사를 드린다.

2022년 8월

저자 일동

이 책의 구성 및 활용

CHAPTER 01

관광의 기초

한국여행(0~0:26)
1. 여러분은 한국의 어디를 여행하고 싶어요?
2. 여행을 하면서 무엇을 하고 싶어요?

생각하기
1. 내가 싫어하 … 사가 낚시를 하자고 해서 같이 가는 것은 관광일까요?
2. 관광과 … 어떻게 다를까요?

도입

각 장의 도입에서는 제목과 주제 이미지, 주제와 관련된 동영상 QR, 동영상과 관련된 질문, 생각하기를 함께 제시하여 학습자가 학습 내용을 미리 추측해 볼 수 있도록 하였다.

동영상 QR

특히 모바일을 이용해 동영상을 볼 수 있도록 QR 코드를 넣어 주제에 대한 접근을 쉽게 하였다.

질문

동영상을 보고 2~3가지의 질문에 대답하게 함으로써 흥미와 관심을 가질 수 있도록 하였다.

생각하기

생각하기를 통해 수업할 내용을 미리 짐작할 수 있도록 하였다.

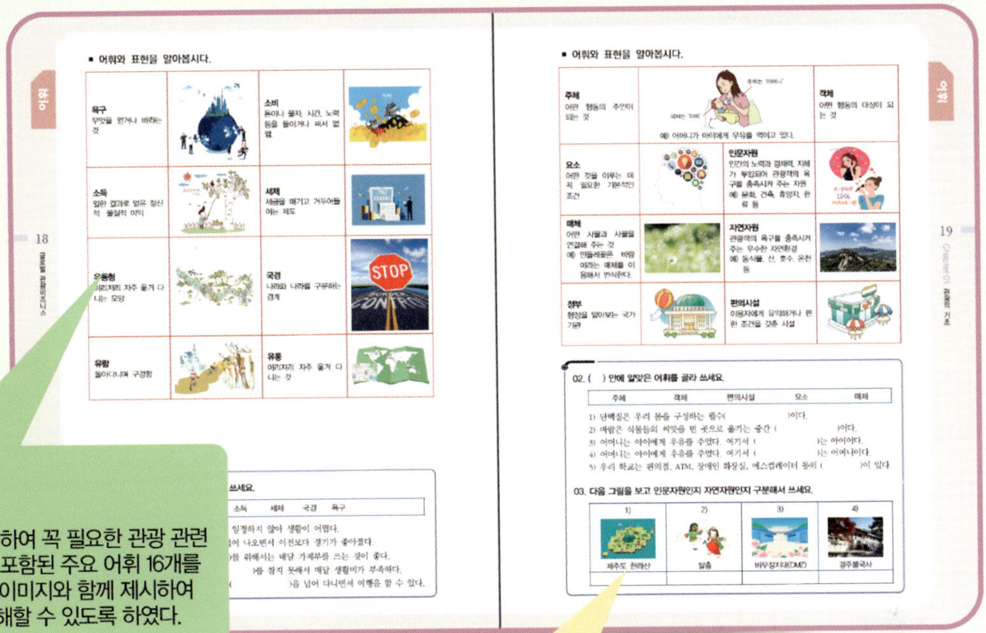

어휘

각 과의 주제와 관련하여 꼭 필요한 관광 관련 전공 어휘와 본문에 포함된 주요 어휘 16개를 수록하였다. 어휘는 이미지와 함께 제시하여 학습자들이 쉽게 이해할 수 있도록 하였다.

어휘 확인

앞에서 배운 어휘의 정확한 의미와 용법을 익힐 수 있도록 연습 문제를 제시하였다.

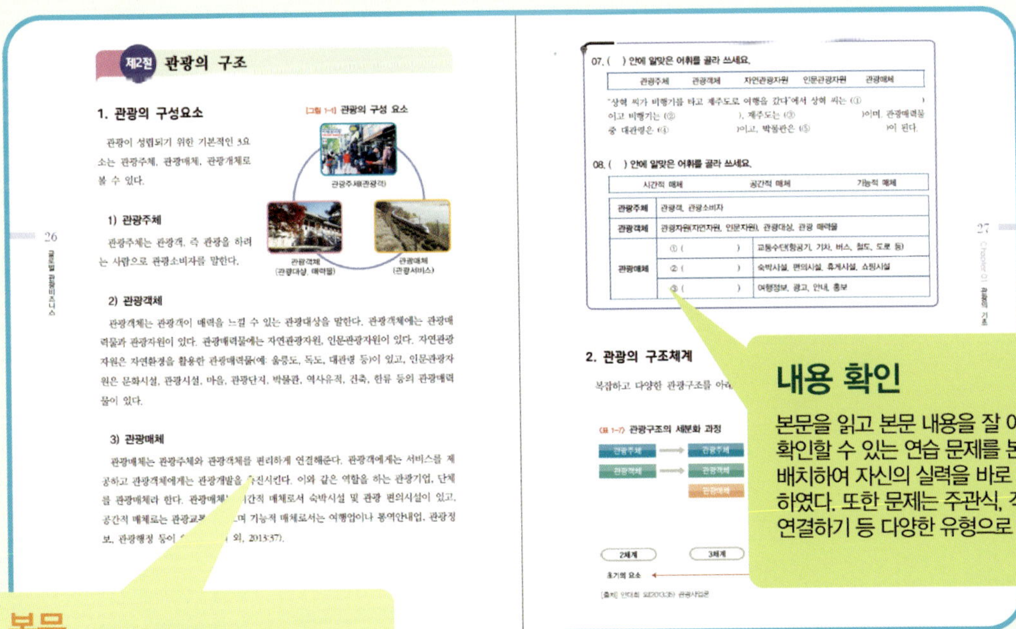

내용 확인

본문을 읽고 본문 내용을 잘 이해했는지 확인할 수 있는 연습 문제를 본문 바로 아래에 배치하여 자신의 실력을 바로 확인할 수 있게 하였다. 또한 문제는 주관식, 객관식, O/X, 연결하기 등 다양한 유형으로 제시하였다.

본문

전공 교과인 만큼 관광비즈니스 과목에서 꼭 필요한 내용을 최대한 쉬운 한국어로 풀어서 학습자들이 이해하기 쉽도록 짧고 간단하게 설명하였다. 또한, 컬러로 된 그림과 도표, 사진 등 가장 최근 자료를 함께 첨부하여 학습자들의 이해를 도왔다.

이 책의 구성과 특징

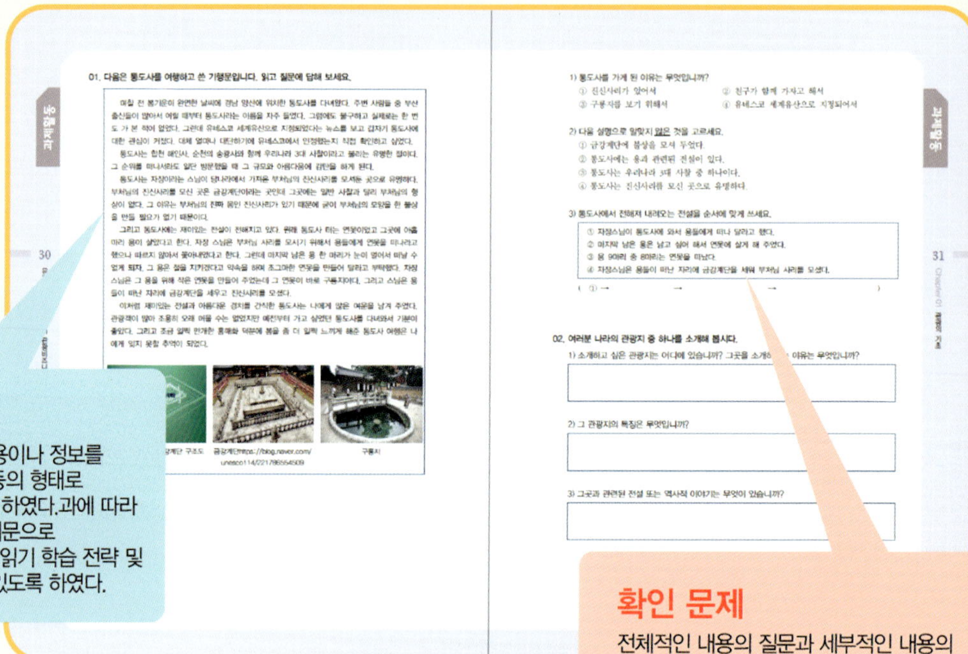

과제활동1

각 과의 주제와 관련한 내용이나 정보를 텍스트나 광고문, 그래프 등의 형태로 제시하고 질문에 대답하게 하였다.과에 따라 한 개 또는 두 개 이상의 지문으로 구성하였으며, 학습자들의 읽기 학습 전략 및 읽기 능력을 향상시킬 수 있도록 하였다.

확인 문제

전체적인 내용의 질문과 세부적인 내용의 질문으로 구성하여 주관식, 객관식, O/X, 연결하기 등 다양한 유형으로 제시하였다.

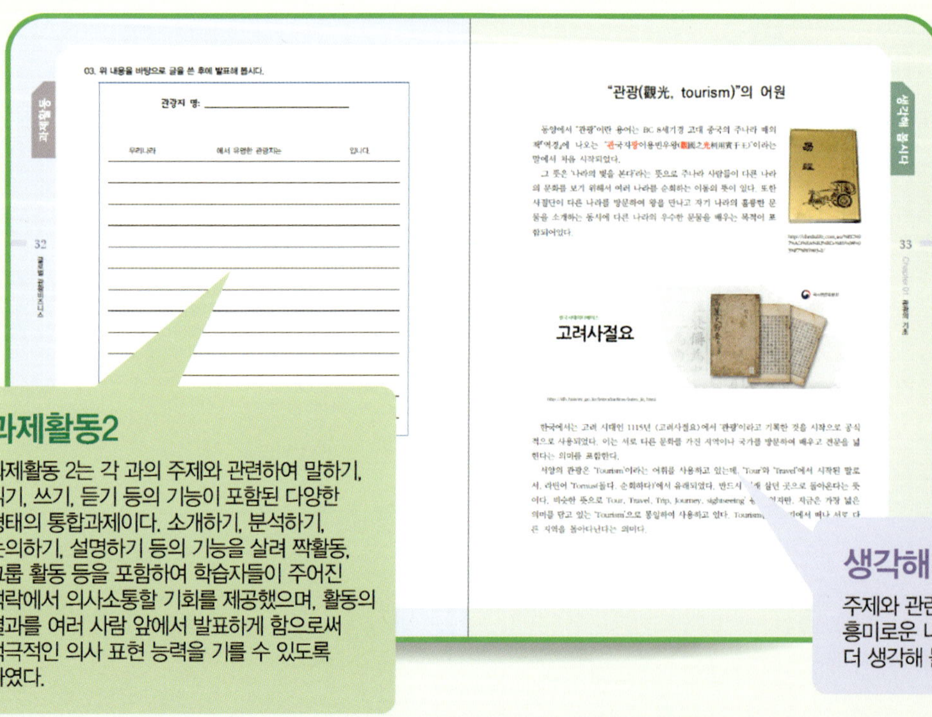

과제활동2

과제활동 2는 각 과의 주제와 관련하여 말하기, 읽기, 쓰기, 듣기 등의 기능이 포함된 다양한 형태의 통합과제이다. 소개하기, 분석하기, 논의하기, 설명하기 등의 기능을 살려 짝활동, 그룹 활동 등을 포함하여 학습자들이 주어진 맥락에서 의사소통할 기회를 제공했으며, 활동의 결과를 여러 사람 앞에서 발표하게 함으로써 적극적인 의사 표현 능력을 기를 수 있도록 하였다.

생각해 봅시다

주제와 관련되어 더 알고 싶은 다양하고 흥미로운 내용을 담아서 학습자들이 한 번 더 생각해 볼 수 있게 하였다.

Contents

차 례

Contents

차 례

Chapter 05 관광교통업

Chapter 06 크루즈산업

Contents

차 례

Chapter 09 국제회의 및 전시회

Chapter 10 카지노업

Contents
차 례

Chapter 13 관광정보 사업

CHAPTER 01

관광의 기초

한국여행(0~0:26)
1. 여러분은 한국의 어디를 여행하고 싶어요?
2. 여행을 하면서 무엇을 하고 싶어요?

생각하기

1. 내가 싫어하는 상사와 여행을 가는 것은 관광일까요?
2. 관광과 여행은 어떻게 다를까요?

■ 어휘와 표현을 알아봅시다.

욕구 무엇을 얻거나 바라는 것		**소비** 돈이나 물자, 시간, 노력 등을 들이거나 써서 없앰	
소득 일한 결과로 얻은 정신적 · 물질적 이익		**세제** 세금을 매기고 거두어들이는 제도	
유동형 이리저리 자주 옮겨 다니는 모양		**국경** 나라와 나라를 구분하는 경계	
유람 돌아다니며 구경함		**유동** 이리저리 자주 옮겨 다니는 것	

01. (　) 안에 알맞은 단어를 골라 쓰세요.

소비	소득	세제	국경	욕구

1) 한 달 (　　　　　　)이 일정하지 않아 생활이 어렵다.
2) 새로운 (　　　　　　)법이 나오면서 이전보다 경기가 좋아졌다.
3) 합리적인 (　　　　　　)를 위해서는 매달 가계부를 쓰는 것이 좋다.
4) 내 동생은 소비 (　　　　　　)를 참지 못해서 매달 생활비가 부족하다.
5) 유럽은 비자 없이 마음대로 (　　　　　　)을 넘어 다니면서 여행을 할 수 있다.

■ **어휘와 표현을 알아봅시다.**

주체 어떤 행동의 주인이 되는 것	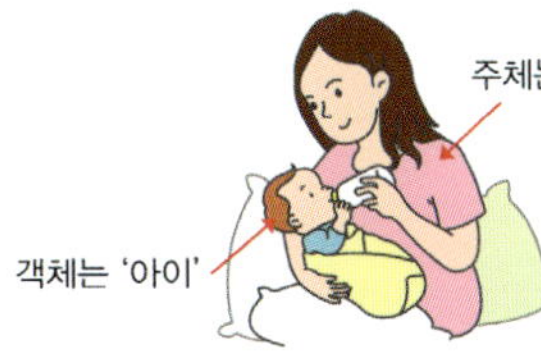 예) 어머니가 아이에게 우유를 먹이고 있다.		**객체** 어떤 행동의 대상이 되는 것
요소 어떤 것을 이루는 데 꼭 필요한 기본적인 조건		**인문자원** 인간의 노력과 경제력, 지혜가 투입되어 관광객의 욕구를 충족시켜 주는 자원 예) 문화, 건축, 휴양지, 한류 등	
매체 어떤 사물과 사물을 연결해 주는 것 예) 민들레꽃은 바람이라는 매체를 이용해서 번식한다.		**자연자원** 관광객의 욕구를 충족시켜 주는 우수한 자연환경 예) 동식물, 산, 호수, 온천 등	
정부 행정을 맡아보는 국가 기관		**편의시설** 이용자에게 유익하거나 편한 조건을 갖춘 시설	

02. (　　) 안에 알맞은 어휘를 골라 쓰세요.

주체	객체	편의시설	요소	매체

1) 단백질은 우리 몸을 구성하는 필수(　　　　　　)이다.
2) 바람은 식물들의 씨앗을 먼 곳으로 옮기는 중간 (　　　　　　)이다.
3) 어머니는 아이에게 우유를 주었다. 여기서 (　　　　　　)는 아이이다.
4) 어머니는 아이에게 우유를 주었다. 여기서 (　　　　　　)는 어머니이다.
5) 우리 학교는 편의점, ATM, 장애인 화장실, 에스컬레이터 등의 (　　　　)이 있다.

03. 다음 그림을 보고 인문자원인지 자연자원인지 구분해서 쓰세요.

1)	2)	3)	4)
 제주도 한라산	 탈춤	 비무장지대(DMZ)	 경주 불국사

Chapter 01 관광의 기초

제1절 관광의 개요

1. 관광의 정의

관광은 인간의 관광욕구를 충족시키기 위해 일상으로 돌아올 예정으로 잠시 떠나는 경제적 소비활동이다. 그래서 여행과 관광은 비슷한 것 같지만 자세히 살펴보면 다른 개념이다. 관광은 휴식 속에서 삶의 활력을 찾는다면 여행은 힘듦 속에서 삶의 활력을 찾는다는 점에서 차이를 보인다. 구체적인 차이는 다음과 같다.

〈표 1-1〉 관광의 정의

용어	개념
관광	**관광은 관광지의 풍경을 구경하고 즐기는 것** • 관광은 목적지에 도달해야 시작된다. • 관광은 관광지의 배경지식이 있어야 하며 그 나라의 문화에 중점을 둔다. 또한 경제적 비용이 발생한다. • 관광은 가이드가 있을 수 있으며 편하게 관광할 수 있다.
여행	**사는 곳을 떠나 유람의 목적으로 다른 곳을 두루 돌아다니는 것** • 여행은 떠나는 순간부터 시작되며 돈이 없어도 가능하다. • 일상생활에서 벗어나 여행지의 문화를 체험하고 즐긴다. • 여행은 가이드가 필요 없으며 여행하는 동안 육체적으로 힘들 수 있다.

[출처] 이용근(2005)21세기나홀로 여행

〈표 1-2〉 관광분야의 참여자

관광분야 참여자	참여자	내용
관광분야 참여자	관광객	• 관광객은 여행욕구를 지니고 있음 • 시간, 돈, 문화적 배경 및 사회적 특성에 따라 목적지와 그곳에서 무엇을 할지가 결정됨
	관광사업체	• 관광객이 좋아할 만한 제품과 서비스를 제공함 • 관광산업은 교통, 숙박, 쇼핑, 이벤트 등으로 나눔
	관광을 하는 나라의 정부	• 관광 소득, 관광 관련 직업, 관광 세제 수입 등을 관리함
	관광을 하는 나라의 지역사회	• 관광은 지역사회의 소득과 직업을 창출함 • 지역사회와 관광객은 문화적으로 서로 영향을 주고받음 • 지역주민은 환경에 관심을 가지게 됨

[출처] 하동현 외(2011:49) 관광사업론

관광을 보다 깊이 있게 이해하기 위해서 관광분야 참여자인 '관광객', '관광사업체', '관광하는 나라의 정부, '관광하는 나라의 지역사회'를 살펴볼 필요가 있다. 관광분야 참여자들은 서로 밀접한 관계가 있으며 동시에 서로 다양한 기능을 수행하고 있다.

01. 관계있는 것끼리 연결해 보세요.

1) 여행 •　　　• 계획 없이 부산행 열차를 타고 해운대 밤바다를 보고 왔다.

2) 관광 •　　　• 여행사를 통해 4박 5일 일정으로 베트남에서 쉬고 올 생각이다.

02. 다음 설명에 해당하는 관광분야 참여자를 쓰세요.

1) 여행욕구를 지니고 있다. (　　　　　　)

2) 관광소득, 관광 관련 직업 및 세제 수입 등을 다룬다. (　　　　　　)

2. 관광유형

일반적으로 관광은 국적과 국경을 기준으로 국내관광과 국제관광으로 구분한다. 관광사업의 발전과 함께 여러 연구가 이루어지면서 국적과 국경, 관광목적, 관광지역, 관광활동에 따라 관광유형이 세분화된다.

1) 국적과 국경에 따른 관광유형

관광객의 국적과 그 나라의 국경을 기준으로 국내관광, 국외관광, 외래관광, 외국인 해외관광으로 구분할 수 있다.

〈표 1-3〉 국적과 국경에 의한 관광유형

관광분류	정의
국내관광 (Domestic tourism)	관광객이 자신의 나라에서 하는 관광 예) 한국인이 부산을 관광하는 경우
국외관광 (Outbound tourism)	관광객이 외국을 방문하여 하는 관광 예) 한국인이 베트남을 관광하는 경우
외래관광 (Inbound tourism)	외국인이 국내를 방문하여 관광하는 경우 예) 중국인이 서울을 관광하는 경우
외국인 해외관광 (foreigner's tourism)	외국인이 다른 외국을 방문하여 관광 예) 중국인이 일본을 관광하는 경우

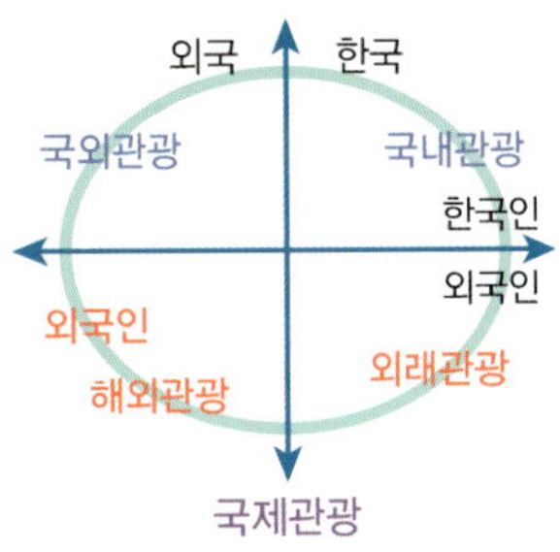

[출처] 안대희 외(2013:29~30) 관광사업론

2) 목적에 의한 관광유형

사람들이 관광을 하는 동기는 관광 자체가 목적인 순수목적관광과 두 가지 이상의 목적을 가지고 행하는 겸목적관광이 있다.

〈표 1-4〉 목적에 의한 관광유형

	순수목적관광	겸목적관광
개념	관광 그 자체가 목적인 관광	두 가지 이상의 목적을 가지고 있는 관광
특징	매우 자유로운 관광으로서 개인의 취향이나 오락, 휴양 등의 목적으로 하는 관광	업무를 겸한 관광, 회의참석을 겸한 관광, 스포츠 참가 또는 관람을 위한 관광, 종교집회 참석을 위한 관광 등

[출처] 안대희 외(2013:30~31) 관광사업론

03. 관계있는 것끼리 연결해 보세요.

1) 국내관광 •　　　　• 한국인이 제주도를 여행한다.
2) 외래관광 •　　　　• 미국인이 서울을 여행한다.
3) 국외관광 •　　　　• 미국인이 시카고를 여행한다.
4) 외국인 해외관광 •　　　　• 한국인이 하와이를 여행한다.

04. 다음 내용에 해당하는 관광유형을 쓰세요.

1) 올여름은 가족들과 계곡으로 1박 2일 여행을 갈 생각이다. (　　　　)
2) 중국에 출장 가는 김에 북경오리도 먹고 만리장성도 가 볼 생각이다. (　　　　)

3) 지역에 의한 관광유형

지역이란 '일정한 어느 범위의 토지' 또는 '전체 사회를 어떤 특징으로 나눈 공간'을 말한다. 지역을 기준으로 역내관광과 역외관광으로 분류할 수 있다.

〈표 1-5〉 지역구분에 의한 관광유형

	역내관광	역외관광
개념	일정한 지역 내에서 이루어지는 관광	한 지역에서 벗어나 이동하면서 이루어지는 관광
특징	관광지역에 대한 구분은 공간적 범위 기준에 따라 바뀔 수 있음	
	관광객 자신이 살고 있는 지역 또는 국가로 이동하여 하는 관광	관광객 자신이 살고 있는 지역이 아닌 다른 지역 또는 다른 국가로 이동하여 하는 관광
예	• 아시아 기준: 아시아 지역에서 살고 있는 관광객이 다른 아시아 지역을 관광 • 한국 기준: 한국인이 한국을 관광 • 경기지역 기준: 경기지역 주민이 살고 있는 지역이 아닌 경기지역을 관광	• 아시아 기준: 아시아 지역에 살고 있는 관광객이 유럽 또는 아프리카 지역을 관광 • 한국 기준: 한국인이 일본이나 중국을 관광 • 경기지역 기준: 경기지역 주민이 경상도나 제주도를 관광

[출처] 안대희 외(2013:31~32) 관광사업론

4) 관광활동에 의한 관광유형

관광객이 살고 있는 곳을 떠나 목적지를 거쳐 다시 살고 있는 곳으로 돌아오기까지의 관광을 유동형 관광과 목적형 관광, 체재형 관광으로 나눌 수 있다.

〈표 1-6〉 관광활동 유형에 의한 관광유형

시기 구분	개념	활동	체재 기간
유동형 관광	다양한 목적지를 연결해서 방문하는 관광	풍경탐방, 맛집 탐방 역사탐방,	25분~2시간
목적형 관광 (주제형관광)	목적을 가지고 하는 관광	한국의 3대 계곡, 해수욕, 낚시, 요트, 골프, 스키, 등산 등	반나절
체재형 관광	한 장소에서 숙박하면서 경치를 즐기는 관광	캠핑, 휴양 등	1일 이상

[출처] 안대희 외(2013:32~33) 관광사업론

05. 다음 내용에 해당하는 관광유형을 쓰세요.

1) 아시아 지역에 살고 있는 한국인이 중국을 관광하였다. (　　　　　)

2) 아시아 지역에 살고 있는 한국인이 유럽을 관광하였다. (　　　　　)

06. 관계있는 것끼리 연결해 보세요.

1) 유동형 관광 • •

2) 목적형 관광 • •

3) 체재형 관광 • •

제2절 관광의 구조

1. 관광의 구성요소

관광이 성립되기 위한 기본적인 3요소는 관광주체, 관광매체, 관광객체로 볼 수 있다.

[그림 1-1] 관광의 구성 요소

1) 관광주체

관광주체는 관광객, 즉 관광을 하려는 사람으로 관광소비자를 말한다.

2) 관광객체

관광객체는 관광객이 매력을 느낄 수 있는 관광대상을 말한다. 관광객체에는 관광매력물과 관광자원이 있다. 관광매력물에는 자연관광자원, 인문관광자원이 있다. 자연관광자원은 자연환경을 활용한 관광매력물(예: 울릉도, 독도, 대관령 등)이 있고, 인문관광자원은 문화시설, 관광시설, 마을, 관광단지, 박물관, 역사유적, 건축, 한류 등의 관광매력물이 있다.

3) 관광매체

관광매체는 관광주체와 관광객체를 편리하게 연결해준다. 관광객에게는 서비스를 제공하고 관광객체에게는 관광개발을 촉진시킨다. 이와 같은 역할을 하는 관광기업, 단체를 관광매체라 한다. 관광매체는 시간적 매체로서 숙박시설 및 관광 편의시설이 있고, 공간적 매체로는 관광교통이 있으며 기능적 매체로서는 여행업이나 통역안내업, 관광정보, 관광행정 등이 있다(안대희 외, 2013:37).

07. (   ) 안에 알맞은 어휘를 골라 쓰세요.

관광주체	관광객체	자연관광자원	인문관광자원	관광매체

"상혁 씨가 비행기를 타고 제주도로 여행을 갔다"에서 상혁 씨는 (①   ) 이고 비행기는 (②   ), 제주도는 (③   )이며, 관광매력물 중 대관령은 (④   )이고, 박물관은 (⑤   )이 된다.

08. (   ) 안에 알맞은 어휘를 골라 쓰세요.

시간적 매체	공간적 매체	기능적 매체

관광주체	관광객, 관광소비자	
관광객체	관광자원(자연자원, 인문자원), 관광대상, 관광 매력물	
관광매체	① ( )	교통수단(항공기, 기차, 버스, 철도, 도로 등)
	② ( )	숙박시설, 편의시설, 휴게시설, 쇼핑시설
	③ ( )	여행정보, 광고, 안내, 홍보

2. 관광의 구조체계

복잡하고 다양한 관광구조를 아래와 같이 5가지 체계로 정리하였다.

〈표 1-7〉 관광구조의 세분화 과정

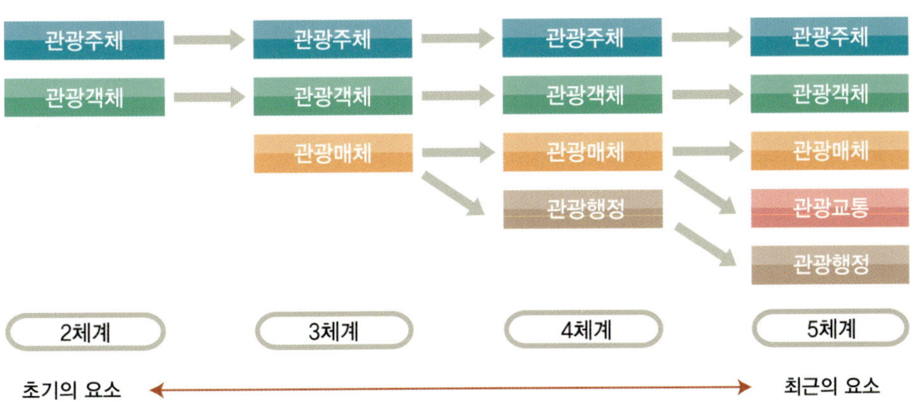

[출처] 안대희 외(2013:35) 관광사업론

관광구조 연구의 초기단계에서는 단순히 관광의 주체인 '관광객'과 관광대상(관광객체)인 '관광자원'의 2체계로 보았다. 그러나 사회의 발전과 함께 관광이 복잡해지면서 관광주체와 관광객체를 연결하는 관광매체인 관광기업(여행사나 교통수단, 편의시설)의 역할이 증가하였다. '관광주체-관광매체-관광객체'로 연결된 3체계론이 관광구조의 기본체계로 자리 잡았다. 현대에 와서는 정부가 관광에 관심을 가지며 관광행정도 중요한 요소가 되면서 '관광행정'을 포함한 4체계론이 만들어지게 되었다. 또한 교통수단의 발전으로 관광교통을 포함한 5체계로 보는 사람들도 나타났다. 하지만 많은 관광학자들은 베르네커의 '3체계론'을 아직까지 수용하고 있는 것으로 보인다.

09. 관광의 구조체계 중 3체계는 무엇이 있는지 쓰세요.

(, ,)

10. 다음 설명으로 알맞지 않은 것을 고르세요.

① 여행사, 교통수단과 같은 관광기업을 관광매체라고 한다.
② 대부분의 학자들은 관광의 기본체계를 3체계로 보고 있다.
③ 연구 초기에는 단순히 관광객과 관광자원을 3체계로 보았다.
④ 사회가 발전하면서 관광객과 관광자원을 연결해주는 관광매체가 나타났다.

11. ( ) 안에 알맞은 체계를 쓰세요.

1) 교통수단의 발달 · 중요성으로 ( )체계가 형성되었다.
2) 정부행정의 영향력이 강조되면서 ( )체계가 형성되었다.

3. 관광의 환경요소

3체계의 관광현상을 더 자세하게 설명하기 위해 학자들은 구성요소를 다양하게 나누었다. 3체계 속에서도 관광의 세부적 환경요소인 관광시장과 관광사업, 지역사회, 정부 등이 서로 영향을 주고받는다. 다음은 3체계의 하부구조인 환경 요소의 특성을 살펴보자.

[그림 1-2] 3체계의 환경요소

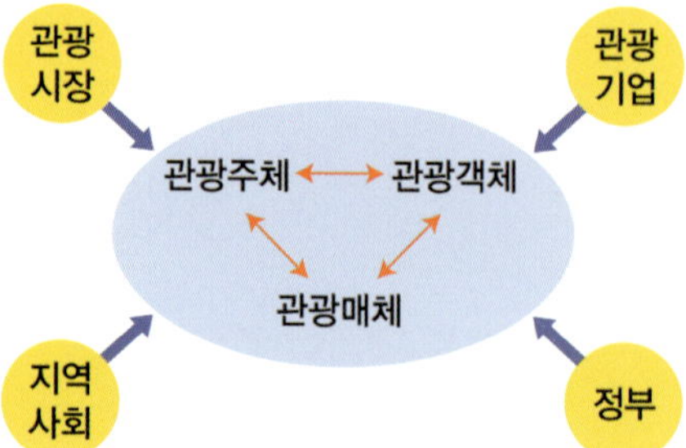

1) 관광시장

관광시장은 관광객을 만들어 내는 지역이나 국가를 말하며 그곳의 경제적인 환경(돈과 관계된 모든 환경)과 사회적인 환경(개인이나 집단에 영향을 미치는 모든 사회 · 문화적인 외부 조건), 물리적 환경(주변의 시설물의 청결, 쾌적한 주변 환경, 편리성, 오락성, 디자인, 음악 등의 외적 환경) 등은 관광객을 모으고 관광시장을 발전시키는 중요한 요소이다. 이러한 여러 환경은 여행의 목적지와 활동을 결정하는 중요한 요소가 된다.

2) 관광기업

관광기업은 관광상품과 서비스를 제공하는 집단이며, 관광시장이 원하는 상품과 서비스를 제공하여 이익을 얻는다.

3) 지역사회

지역사회는 관광객을 수용하는 지역을 말하며, 지역주민들은 관광을 경제와 관련지어 생각한다. 관광이 지역주민들에게 유익할 수도 있지만 해로울 수도 있기 때문에 관광객과 주민들 사이의 관계는 중요하다.

4) 정부

정부는 관광객을 수용하는 국가나 지방의 행정부를 가리킨다. 정부는 관광을 국가경제의 일부분이라고 생각한다. 관광 발전을 위해서는 어떠한 국가나 지역에 관계없이 정부의 적극적인 태도가 필요하다.

12. 관광의 환경 요소는 무엇인지 쓰세요.

(, , ,)

13. 다음 설명으로 알맞지 않은 것을 고르세요.

① 관광기업은 관광객에게 서비스를 제공하고 이익을 얻는다.
② 관광 시설물의 청결과 쾌적한 주변 환경은 관광시장을 발전시킨다.
③ 관광산업에 정부가 적극적인 태도를 보이는 것은 올바르지 못하다.
④ 지역주민과 관광객은 서로 도움이 될 수도 있지만 피해를 줄 수도 있다.

01. 다음은 통도사를 여행하고 쓴 기행문입니다. 읽고 질문에 답해 보세요.

며칠 전 봄기운이 완연한 날씨에 경남 양산에 위치한 통도사를 다녀왔다. 주변 사람들 중 부산 출신들이 많아서 어릴 때부터 통도사라는 이름을 자주 들었다. 그럼에도 불구하고 실제로는 한 번도 가 본 적이 없었다. 그런데 유네스코 세계유산으로 지정되었다는 뉴스를 보고 갑자기 통도사에 대한 관심이 커졌다. 대체 얼마나 대단하기에 유네스코에서 인정했는지 직접 확인하고 싶었다.

통도사는 합천 해인사, 순천의 송광사와 함께 우리나라 3대 사찰이라고 불리는 유명한 절이다. 그 순위를 떠나서라도 일단 방문했을 때 그 규모와 아름다움에 감탄하게 된다.

통도사는 자장이라는 스님이 당나라에서 가져온 부처님의 진신사리를 모셔둔 곳으로 유명하다. 부처님의 진신사리를 모신 곳은 금강계단이라는 곳인데 그곳에는 일반 사찰과 달리 부처님의 형상이 없다. 그 이유는 부처님의 진짜 몸인 진신사리가 있기 때문에 굳이 부처님의 모양을 한 불상을 만들 필요가 없기 때문이다.

그리고 통도사에는 재미있는 전설이 전해지고 있다. 원래 통도사 터는 연못이었고 그곳에 아홉 마리 용이 살았다고 한다. 자장 스님은 부처님 사리를 모시기 위해서 용들에게 연못을 떠나라고 했으나 따르지 않아서 쫓아내었다고 한다. 그런데 마지막 남은 용 한 마리가 눈이 멀어서 떠날 수 없게 되자, 그 용은 절을 지키겠다고 약속을 하며 조그마한 연못을 만들어 달라고 부탁했다. 자장 스님은 그 용을 위해 작은 연못을 만들어 주었는데 그 연못이 바로 구룡지이다. 그리고 스님은 용들이 떠난 자리에 금강계단을 세우고 진신사리를 모셨다.

이처럼 재미있는 전설과 아름다운 경치를 간직한 통도사는 나에게 많은 여운을 남겨 주었다. 관광객이 많아 조용히 오래 머물 수는 없었지만 예전부터 가고 싶었던 통도사를 다녀와서 기분이 좋았다. 그리고 조금 일찍 만개한 홍매화 덕분에 봄을 좀 더 일찍 느끼게 해준 통도사 여행은 나에게 잊지 못할 추억이 되었다.

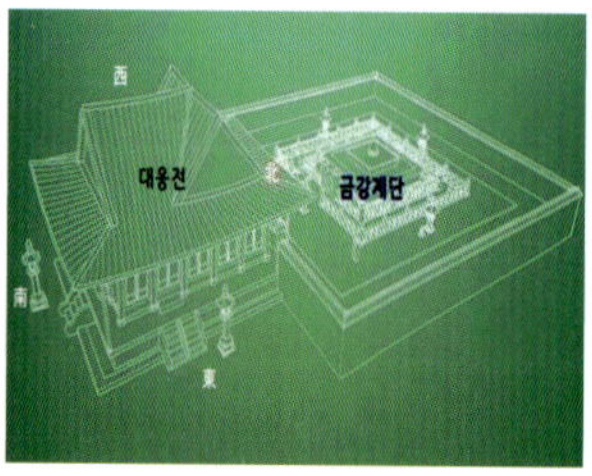

통도사 대웅전과 금강계단 구조도

금강계단

구룡지

1) 통도사를 가게 된 이유는 무엇입니까?

① 진신사리가 있어서 ② 친구가 함께 가자고 해서

③ 구룡지를 보기 위해서 ④ 유네스코 세계유산으로 지정되어서

2) 다음 설명으로 알맞지 않은 것을 고르세요.

① 금강계단에 불상을 모셔 두었다.

② 통도사에는 용과 관련된 전설이 있다.

③ 통도사는 우리나라 3대 사찰 중 하나이다.

④ 통도사는 진신사리를 모신 곳으로 유명하다.

3) 통도사에서 전해져 내려오는 전설을 순서에 맞게 쓰세요.

① 자장스님이 통도사에 와서 용들에게 떠나 달라고 했다.
② 마지막 남은 용은 남고 싶어 해서 연못에 살게 해 주었다.
③ 용 9마리 중 8마리는 연못을 떠났다.
④ 자장스님은 용들이 떠난 자리에 금강계단을 세워 부처님 사리를 모셨다.

(① → → →)

02. 여러분 나라의 관광지 중 하나를 소개해 보세요.

1) 소개하고 싶은 관광지는 어디에 있어요? 그곳을 소개하려는 이유는 뭐예요?

2) 그 관광지의 특징은 뭐예요?

3) 그곳과 관련된 전설 또는 역사적 이야기는 뭐가 있어요?

03. 위 내용을 바탕으로 글을 쓴 후에 발표해 보세요.

관광지 명: ______________________________

우리나라 (   )에서 유명한 관광지는 (   )입니다.

“관광(觀光, tourism)”의 어원

동양에서 “관광”이란 용어는 BC 8세기경 고대 중국의 주나라 때의 책『역경』에 나오는 “관국지광이용빈우왕(觀國之光利用賓于王)”이라는 말에서 처음 시작되었다.

그 뜻은 ‘나라의 빛을 본다’라는 뜻으로 주나라 사람들이 다른 나라의 문화를 보기 위해서 여러 나라를 순회하는 이동의 뜻이 있다. 또한 사절단이 다른 나라를 방문하여 왕을 만나고 자기 나라의 훌륭한 문물을 소개하는 동시에 다른 나라의 우수한 문물을 배우는 목적이 포함되어 있다.

[출처] http://chedulife.com.

[출처] 국사편찬위원회

한국에서는 고려 시대인 1115년 〈고려사절요〉에서 ‘관광’이라고 기록한 것을 시작으로 공식적으로 사용되었다. 이는 서로 다른 문화를 가진 지역이나 국가를 방문하여 배우고 견문을 넓힌다는 의미를 포함한다.

서양의 관광은 ‘Tourism’이라는 어휘를 사용하고 있는데, ‘Tour’와 ‘Travel’에서 시작된 말로서, 라틴어 ‘Tornus(돌다, 순회하다)’에서 유래되었다. 반드시 원래 살던 곳으로 돌아온다는 뜻이다. 비슷한 뜻으로 Tour, Travel, Trip, Journey, sightseeing’ 등이 있지만, 지금은 가장 넓은 의미를 담고 있는 ‘Tourism’으로 통일하여 사용하고 있다. Tourism은 거주지에서 떠나 서로 다른 지역을 돌아다닌다는 의미다.

CHAPTER 02

관광사업

서울 시내 숙소 & 한옥 숙박 비교(1:43~8:07)

1. 여러분이라면 어떤 숙소를 선택하시겠어요?
2. 그곳을 선택한 이유는 무엇인가요?

생각하기

1. 여행을 할 때 주로 어떤 숙박시설을 이용하나요?
2. 여행을 할 때 숙박 예약은 어떤 방법으로 하나요?

■ 어휘와 표현을 알아봅시다.

제조업 분야 자연에서 얻은 물건을 필요한 물건으로 만드는 곳 예) 음료수, 옷, 플라스틱 제품 등을 만드는 곳		**민간사업** 국가에 소속되어 있지 않은 사람이나 단체가 이익을 목적으로 하는 사업	
비경영전문가 기업 또는 사업을 관리할 능력이나 지식, 경험이 부족한 사람		**공공분야 사업** 국민 또는 국가와 관련된 일을 하는 사업	
운송 사람을 태워 보내거나 물건 등을 실어 보냄		**행정** 국가나 지방 자치 단체와 관련된 일을 말함	
용역 생산과 소비에 필요한 노동을 제공하는 일		**수익** 재산상의 이익을 얻음	

01. (　　) 안에 알맞은 단어를 골라 쓰세요.

운송	용역	수익	제조업 분야

1) 항공기를 이용하여 화물을 (　　　　　　　)한다.
2) 자동차를 만드는 (　　　　　　　)에서 일해 보고 싶다.
3) 최근 관광수요가 크게 늘어 관광사업 분야 (　　　　　　　)이 크게 늘었다.
4) 청소, 운송 등과 같은 육체적 노동은 주로 (　　　　　　　)업체에서 제공한다.

02. 관계있는 것끼리 연결해 보세요.

		• 여행사
1) 민간사업	•	• 공항 건설
		• 호텔 설립
2) 공공분야 사업	•	• 지하철 건설
		• 도서관 설립
		• 백화점 설립

■ 어휘와 표현을 알아봅시다.

외화획득 다른 나라의 돈을 벌어들이는 일		**국제수지** 한 나라가 일정한 기간 동안 다른 나라와 거래한 것을 모두 계산한 것	
노동집약적 기업 노동 중심으로 이루어진 회사		**재화** 사람을 만족시켜주는 모든 물건 예) 쌀, 옷, 책처럼 만질 수 있는 것	
이직률 직장을 옮기거나 직업을 바꾸는 비율		**전략** 어떤 목표를 이루기 위해 세우는 계획	
지역사회 정해진 지역에서 살고 있는 사람들 끼리 긴밀한 관계를 가지고 생활하는 공동체	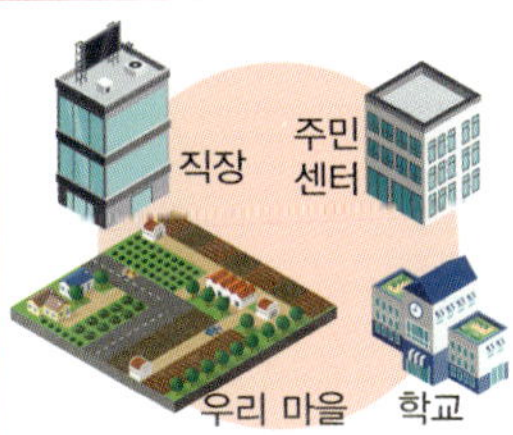	**개발도상국** 경제개발이 선진국에 비해 뒤떨어진 나라	

03. 알맞은 어휘를 골라 쓰세요.

국제수지	외화획득	이직률	지역사회

1) 고속도로 개통은 (　　　　　　　) 발전에 큰 영향을 주었다.
2) 한국은 스마트폰 수출 증가로 (　　　　　　　)가 흑자로 바뀌었다.
3) 과거 한국은 (　　　　　　　)을 위해 많은 노동자들을 해외로 보냈다.
4) 근무시간이 줄어들자 다른 회사로 옮기는 (　　　　　　　)이 50%로 줄었다.

04. 어휘사용이 알맞지 <u>않은</u> 것을 고르세요.

① 경제개발이 앞선 나라를 <u>개발도상국</u>이라 한다.
② 그는 무역을 통해 많은 <u>재화</u>를 벌어들였다.
③ 여행업은 사람의 노동이 많이 필요한 <u>노동집약적인</u> 사업이다.
④ 제품의 판매량을 늘리기 위해서는 새로운 <u>판매 전략</u>이 필요하다.

Chapter 02 관광사업

제1절 관광사업 개요

1. 관광사업 정의

관광사업(tourism business)은 관광객들의 욕구를 만족시켜 주는 서비스 사업을 의미한다. 즉, 관광객을 위하여 제공되는 운송, 숙박, 음식, 운동, 오락, 휴양, 용역을 제공하며 관광에 필요한 시설을 갖추어 이를 이용하게 하는 업을 말한다.

〈표 2-1〉 관광사업과 관광산업 개념

용어	개념	
관광사업	• 관광객들을 만족시키기 위해 제공되는 여행업, 관광숙박업, 관광객 이용시설업, 국제회의업, 카지노업, 유원시설업, 관광편의시설업을 의미함 • 관광사업은 전략적인 면을 고려해야 하기 때문에 관광산업을 포함함	
관광산업	• 관광사업을 어떻게 운용할지에 대한 전략적 활동을 의미함	

[출처] 정환 외(2016:18) 최신관광사업론.

2. 관광사업 구성

최근 관광사업은 민간사업뿐만 아니라 공공분야(정부)까지 범위를 확대하여 정의하고 있다. 이러한 정의의 변화는 관광사업에 대한 공공분야, 즉 정부의 역할이 그만큼 중요해졌음을 의미한다. 관광사업에서 공공분야의 역할이 커지면서 관광사업 구성을 크게 '관광행정'과 '관광경영'으로 분류하기도 한다. 구체적인 내용은 다음과 같다.

〈표 2-2〉 관광사업 구성

구분	주체	내용
관광사업 구성	정부 및 공공기관 (공적기관) 관광행정	• 관광발전을 위한 모든 정책과 행정을 말함 • 공익 목적으로 추진되는 관광사업의 모든 것
	민간기업 (영리기관) 관광경영	• 재화와 서비스를 생산하고 제공함 • 이윤추구가 목적이지만 관광사업의 사회공공성도 고려해야 함

[출처] 하동현 외(2011: 49) 관광사업론

01. 관광사업과 관광산업의 개념 중 알맞은 것을 쓰세요.

1) 호텔, 교통, 여행, 카지노, 유원시설 등을 통하여 사회적 경제적 효과를 얻는 조직활동이다. (　　　　　)

2) 이 지역에 가장 적합한 호텔사업이 무엇인지를 전략적으로 판단하고, 지역 특성을 고려하여 도심비즈니스 호텔로 할지 휴양지에 적합한 리조트로 할지를 결정한다. (　　　　　)

02. 다음 설명으로 알맞지 않은 것을 고르세요.

① 민간기업에서는 이윤추구만을 생각해야 한다.
② 정부 및 공공기관은 관광 행정에 관한 일을 담당한다.
③ 관광사업은 크게 정부 및 공공기관과 민간기업으로 분류된다.

3. 관광사업의 서비스 특성

일반적으로 관광사업을 서비스 산업이라고 한다. 그만큼 서비스가 관광사업 성공 여부에 결정적 요소로 작용하기 때문이다. 특히 민간기업에서 서비스의 역할과 비중이 높아지면서 일부 선진국에서는 관광사업을 민간기업 활동으로 보기도 한다. 이에 관광사업의 여러 특성 중 여기서는 서비스 특성 중심으로 살펴보기로 한다(하동현 외, 2011:59~61).

1) 서비스 지향

서비스는 모양이 없고 물건처럼 생산되지 않으며 재고로도 남을 수 없다. 가령 우리는 레스토랑에 가면 음식을 주문할 때 음식뿐만 아니라 그 음식과 함께 제공되는 테이블 서비스까지 기대한다. 만약 고객에게 제공되는 서비스가 제대로 제공되지 않을 경우 레스토랑은 수익을 창출할 수 없게 된다.

레스토랑 서비스

2) 고객과 직원에 대한 고려

공장은 많은 직원을 보유하지만 고객은 보유하지 않는다. 그러나 관광사업은 현장에서는 생산과 소비가 함께 이루어지기 때문에 고객과 직원 모두를 고려해야 한다.

3) 저렴한 노동력

관광사업은 노동집약적이기 때문에 경영자는 보다 값싼 노동력을 채용하려고 노력한다. 그러다 보니 값싼 임금으로 이직률이 높아져서 노동력 채용 문제가 심각하다.

4) 규모가 작은 개인사업

관광사업은 큰 체인형식도 있지만 대부분은 규모가 작은 개인사업자이며 비경영전문가 대부분이다.

5) 낮은 생산성

규모가 작은 노동집약적 기업은 큰 기업보다 자동화된 시스템을 갖추고 있지 않기 때문에 낮은 생산성을 보인다.

긴 노동시간과 낮은 생산성

03. 관계있는 것끼리 연결해 보세요.

1) 서비스 지향 •	• 노동집약적이다.
2) 저렴한 노동력 •	• 비경영전문가가 대부분이다.
3) 고객과 직원에 대한 고려 •	• 관광사업에서 서비스 제공은 주요한 요소이다.
4) 규모가 작은 개인사업 •	• 관광사업은 고객과 직원 모두를 포함한다.
5) 낮은 생산성 •	• 이직률이 높다.

4. 관광사업 유형

「관광진흥법」은 관광사업의 발전을 위하여 만들어진 법률로서 「관광진흥법」 제3조 제1항에 의해 관광사업을 다음과 같이 나눌 수 있다.

〈표 2-3〉 관광사업 유형

구분	내용
여행업	관광객을 위해 운송 · 숙박시설에 관련된 시설을 알선하고 기타 여행 편의를 제공하는 업 예) 국내여행, 해외여행, 일반여행업
관광숙박업	숙박할 수 있도록 시설을 갖추어 관광객에게 제공하는 업 예) 호텔업, 휴양 콘도미니엄업
관광객 이용시설업	관광객을 위하여 음식, 운동, 오락, 휴양, 문화, 예술, 레저 등의 시설을 갖추고 관광객이 이용하게 하는 업 예) 골프장, 스키장, 관광유람선업, 자동차야영장업
국제회의업	국제회의를 열 수 있는 시설을 설치 또는 운영하는 업 예) 국제회의시설업, 국제회의기획업
카지노업	룰렛(roulette), 카드놀이 등의 게임을 통해 결과에 따라 이익을 주거나 손실을 주는 업
유원시설업	놀 만한 시설을 갖추어 관광객이 이용하게 하는 업 예) 종합유원시설업, 일반유원시설업 등
관광편의 시설업	관광사업 외에 관광사업 발전에 도움이 될 수 있는 사업이나 시설 예) 관광유흥음식점업, 시내순환관광업, 한옥체험업, 관광식당업 등

[출처] 정환 외 (2016:22~24) 최신관광사업론

04. 다음 그림은 관광사업에 관한 그림입니다. 빈칸에 관광사업의 유형을 쓰세요.

유원시설업		

제2절 관광사업의 역사

1. 세계 관광사업의 역사

초기 관광사업은 미국과 유럽을 중심으로 관광사업이 이루어졌고 점차 동남아시아와 그 외의 지역으로 성장하였다. 2차 세계대전 이후 관광사업의 발달 과정을 살펴보면 다음과 같다.

〈표 2-4〉 세계 관광사업의 시기별 발달 과정

시기	내용
1950년 ~1960년대	• 관광사업은 미국과 유럽 중심으로 시작 유럽은 유럽 국가 간의 비자가 없어지면서 관광사업이 발달하고, 관광이 국가 수입의 50% 이상을 차지함 • 성수기와 비수기의 차이로 수입의 불균형이 발생되고, 숙박시설의 증가로 환경문제도 나타남 • 빠른 속도로 관광이 성장하면서 환경보전에 대한 목소리가 커짐 • 관광사업의 발전으로 교통, 호텔과 같은 시설을 이용하는 관광객 수가 늘어남 • 미국과 유럽 중심 관광이 태국과 같은 동남아시아지역으로 확대됨
1970년 ~1980년대	• 관광개발로 인한 환경문제는 미국과 유럽에서 일본으로 확대됨 일본정부는 환경보호에 대한 정책을 발표하고 문화재 보존을 시작함 • 관광개발이 국가의 이익에 도움이 되는가에 대한 논의가 시작됨 경제적인 이익을 위해서 환경오염을 최소화하면서 개발됨 • 1980년 세계관광에 관한 '마닐라선언'에 100여 개의 나라가 참여함 '마닐라선언'에는 관광자원의 보호와 보존에 대한 내용을 담고 있음 • 선진국의 관광사업은 환경보호를 최소화하는 방향으로 개발 • 개발도상국의 무분별한 관광개발로 환경문제가 심해짐
1990년 ~현재	• 관광으로 인해 환경오염 등이 시작됨 • 국가 간 무비자 증가로 인해 해외 관광객이 증가함 • 관광사업에 온라인이 이용되기 시작함 • 관광객들의 여행에 대한 만족도가 높아지고 서비스의 질도 좋아짐 • 국제회의와 같은 산업이 증가함

[출처] 정환 외(2016: 27~28) 관광사업론

05. 맞으면 O, 다르면 X 하세요.

1) 1990년대에는 국제회의와 같은 산업이 증가하였다. (　　)
2) 1950년대에는 미국과 유럽을 중심으로 관광이 시작되었다. (　　)
3) '마닐라선언'에는 관광객들의 수를 줄이기 위한 내용을 담고 있다. (　　)

06. 세계 관광사업의 발달과정을 순서에 맞게 쓰세요.

① 관광객들의 여행에 대한 만족도가 높아졌다.
② 미국과 유럽 중심으로 관광사업이 시작되었다.
③ 관광개발이 국가 이익에 도움이 되는가에 대한 논의가 시작되었다.

(② → →)

2. 관광사업의 효과

1) 경제적 측면의 효과

관광이 활성화되면 국가와 지역경제에 영향을 미치게 되는데 구체적 내용은 다음과 같다(안대희 외, 2013: 100~102).

(1) 긍정적 효과

관광은 국가 경제적 측면에서 특히 효과가 크다. 관광객으로부터 얻은 소득은 국가소득에 영향을 주기 때문이다. 국제관광을 통한 외화획득은 국가의 경제발전과 국제수지 개선에도 기여한다. 이와 더불어 지역경제 개발 및 국민경제 소득 증가로 이어진다. 또한 관광사업은 사람을 중심으로 이루어진 사업으로 많은 사람을 고용하는 효과가 있다.

관광객 증가로 인한 국가소득 증가

고용의 형태는 크게 두 가지로 나누어지는데 첫째는 호텔, 레스토랑, 여행사 등과 같은 관광사업체의 직접적 고용이고, 둘째는 관광객의 지출로 간접적 영향을 받는 건설업, 농업, 제조업분야에서 발생하는 간접고용이다. 관광사업의 고용효과는 선진국보다는 특별한 경제수익구조가 없는 개발도상국에 더욱 중요하게 작용된다.

더 나아가 관광객이 증가하면 이들을 수용하기 위한 대규모 투자가 이루어지면서 지역경제가 살아나게 된다. 또한 지역주민의 소득이 높아지고 교통도 편리해진다.

(2) 부정적 효과

관광의 부정적 경제효과 중 하나는 지역물가 상승을 들 수 있다. 수요가 증가하면 물건을 비싼 가격으로 사들여서 팔게 되는데 이는 지역물가 상승으로 이어진다. 지역 자체에서 생산할 수 없는 제품은 다른 지역으로부터 수입되기 때문에 지역물가는 상승할 수밖에 없다. 또한 대부분의 관광지는 계절의 영향을 받기 때문에 수요가 불규칙적이다. 이에 따른 시설관리 및 유지 그리고 수입의 불규칙에서 오는 운영의 어려움은 다시 고용의 불안정으로 이어지며 지역경제에 부정적인 영향을 주게 된다.

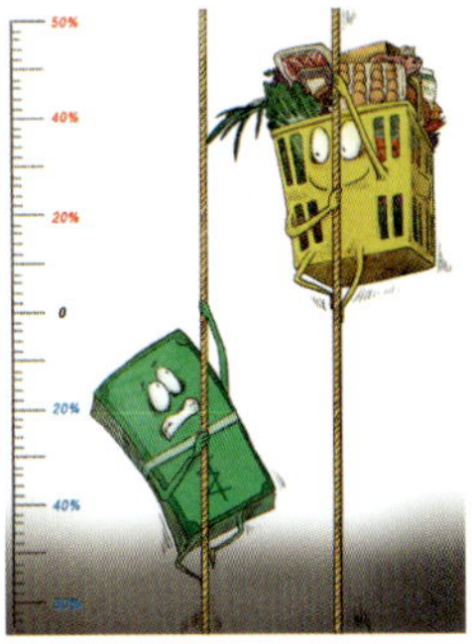

관광사업으로 인한 지역물가 상승

관광객 유입을 확대하기 위해서 지역사회는 긍정적 이미지를 만들어야 한다. 이를 위해 공공서비스 부문의 비용이 높아진다. 예를 들어 쓰레기 또는 하수 처리시설, 치안과 소방안전 시설 투자 등과 같은 경제적 비용이 증가한다. 이는 다시 지역주민들의 부담으로 이어진다.

07. 관광사업의 긍정적 효과가 아닌 것을 고르세요.

① 소득창출　　② 지역개발 촉진
③ 시설비용증가　　④ 외화획득과 고용효과

08. 맞으면 O, 틀리면 X 하세요.

1) 관광객이 증가하면 국민경제 소득이 높아진다. (　　)
2) 관광사업이 발전하면 지역사회의 물가안정에 도움이 된다. (　　)

2) 환경적 측면의 효과

관광이 활성화되면 지역사회 환경에 긍정적 또는 부정적 영향을 미치게 되는데 구체적 내용은 다음과 같다.

(1) 긍정적 효과

관광자원의 효율적인 개발을 통해서 그동안 관리되고 있지 않던 기존의 환경자원을 보호할 수 있게 된다. 관광자원과 관련된 편의시설(횡단보도, 지하도, 육교, 장애인전용 주차장 등)들이 만들어지면서 관광자원 가치가 높아지게 된다. 관광객 증가는 자연자원을 보살피고 제 기능을 할 수 있도록 정비한다. 또한 여러 사람들이 함께 쓸 수 있는 시설에 투자가 증가하게 된다. 이는 관광객뿐만 아니라 지역주민에게도 이익이 된다.

관광자원의 효율적 개발 및 관리

(2) 부정적 효과

관광개발은 자연을 파괴하고 환경오염을 시킨다. 환경오염은 특히 개발도상국에서 흔히 볼 수 있는 현상으로 자원개발을 위해 자연을 훼손하여 자연재해를 만들기도 한다. 또한 쓰레기 증가는 토양오염을 발생시키며, 동물들의 이동 경로를 방해하여 생태계 변화에도 영향을 준다.

관광개발로 인한 환경오염

관광객의 증가는 교통 혼잡과 교통사고로 이어지고 소음과 공해로 인해 지역 환경이 점차 나빠지는 문제점이 있다. 교통량 증가는 다시 대기오염으로 이어지게 된다. 또한 폐수, 쓰레기, 폐기물로 인한 수질오염은 지역주민의 건강까지 해치게 된다.

[출처] 안대희 외(2013: 100~102) 관광사업론

09. 관광사업의 부정적 효과가 아닌 것을 고르세요.

① 교통문제 ② 환경오염
③ 생태계 파괴 ④ 자연자원 정비

10. 맞으면 O, 틀리면 X 하세요.

1) 관광자원의 효율적인 개발은 환경자원을 보호하고 보전한다. ( )
2) 관광개발은 소음과 공해를 발생시켜 지역환경에 부정적 영향을 준다. ( )

01. 여러분은 관광사업 분야 중 어떤 분야에서 일하고 싶어요? 다음 질문을 친구와 이야기해 보세요.

관광사업 종류
여행업, 관광숙박업, 카지노업, 관광객이용시설업, 국제회의업, 관광편의시설업, 유원시설업

관광사업 관련 질문	나의 생각
미래에 일하고 싶은 관광사업 분야는 무엇입니까?	• 저는 관광숙박업과 관련된 일을 하고 싶습니다. •
그 일을 선택한 이유는 무엇입니까?	• 저는 다양한 나라의 여행객들을 만나고 그들에게 도움을 주고 싶기 때문입니다. 호텔과 같은 곳에서 일을 한다면 그런 기회가 많을 것 같습니다. •
내가 선택한 관광사업이 발전하기 위해서 어떤 노력이 필요하다고 생각합니까?	• 호텔에 손님이 많이 오기 위해서는 호텔에 대한 홍보가 필요하다고 생각합니다. SNS나 이벤트 등을 통해 홍보를 하는 것도 좋은 방법이라고 생각합니다. •
내가 선택한 관광사업 발전이 지역사회에 미치는 긍정적인 영향은 무엇인지 이야기해 보세요.	• 호텔을 찾는 사람이 많을수록 지역의 관광지나 음식점 등과 같은 관광 관련 시설을 이용하는 사람이 많아지게 되고, 이는 지역사회 경제 발전에 도움이 될 것입니다. •

02. 다음 주제로 자신의 생각을 써 보고 발표해 보세요.

최근 관광이 차지하는 역할이 중요해지면서 관광사업에 대한 관심 또한 높아졌다. 이러한 관광사업은 국민 소득 증가와 교통의 발달이라는 긍정적인 효과도 있지만 환경오염, 지역물가 상승 등과 같은 문제점도 있다. 아래 내용 중심으로 '효과적인 관광사업 발전 방안'에 대해 자신의 의견을 써 보세요.

- 관광사업의 부정적 영향은 무엇입니까?
- 관광사업의 긍정적 영향은 무엇입니까?
- 효과적인 관광사업 발전 방안은 무엇입니까?

1) 간단하게 메모해 보세요.

서론	최근 관광이 차지하는 역할이 중요해지면서 관광사업에 대한 관심 또한 높아짐
본론	관광사업의 부정적인 영향 • ______ • ______ • ______
	관광사업의 긍정적인 영향 • ______ • ______ • ______
결론	관광사업 발전 방안을 위한 나의 노력 • ______ • ______ • ______

2) 위 내용을 바탕으로 글을 쓴 후에 발표해 보세요.

최근 관광이 차지하는 역할이 중요해지면서 관광사업에 대한 관심 또한 높아지고 있다.

한국의 관광 공적기관

70~80년대까지만 해도 한국은 관광사업이 그리 발달하지 않았지만 대중교통 발달로 인해 국내 관광객의 수요가 증가하였다. 현재 대한민국 관광사업은 국내 관광객에 의해 대부분 유지되었으나, 최근 높아진 한국의 위상과 한류의 영향으로 한국을 찾는 외국인 관광객의 유입이 꾸준히 증가하고 있다. 한국에 방문하는 외국인 관광객은 주로 일본, 중국, 대만 등과 같은 아시아 국가이며, 이들은 전체 외국인 관광객의 약 75%를 차지한다.

한편 대한민국은 국내여행을 보다 활성화하기 위해 2012년부터 문화체육관광부와 한국관광공사에서 '한국관광 100선'을 선정하는 등의 다양한 관광사업을 진행하고 있다. 문화체육관광부는 '두루누비(www.durunubi.kr)'라는 사이트를, 한국관광공사는 '대한민국 구석구석(korean.visitkorea.or.kr)'이라는 사이트를 직접 운영하고 있다. '두루누비'는 걷기여행, 자전거 여행 등에 적합한 여행 코스를 소개하고 있으며, '대한민국 구석구석'은 여행 추천코스 및 각 지역에서 개최하는 축제, 지역별 관광지 등을 자세히 설명하고 있다. 여행객은 여행하기 전에 위 홈페이지를 방문하면 유익한 정보를 얻을 수 있다.

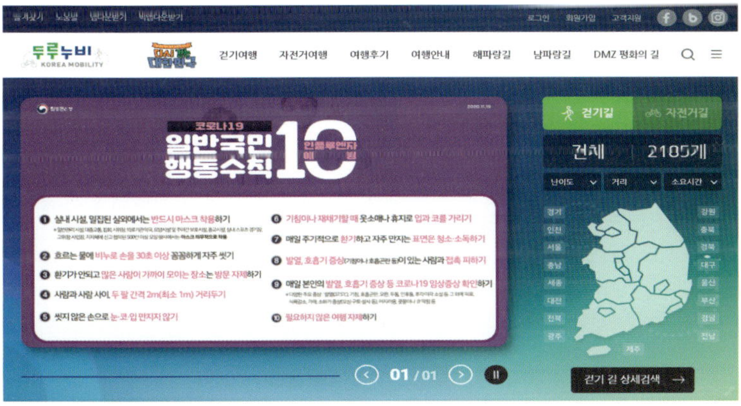

CHAPTER 03

여행업

자유여행이 금지된 나라(0~1:50)

1. 부탄이 단체여행만 허용한 이유는 무엇인가요?
2. 부탄을 여행하면서 하지 말아야 하는 행동은 무엇인가요?

생각하기

1. 여행사를 통해 여행을 하는 이유는 무엇인가요?
2. 여행사에서 주로 어떤 일을 하나요?

■ 아래 어휘와 표현을 알아봅시다.

<table>
<tr>
<td>여행도매업자
여행상품을 기획, 개발 제작하여 여행소매업자에게 판매하는 업자
예) 하나투어, 모두투어</td>
<td>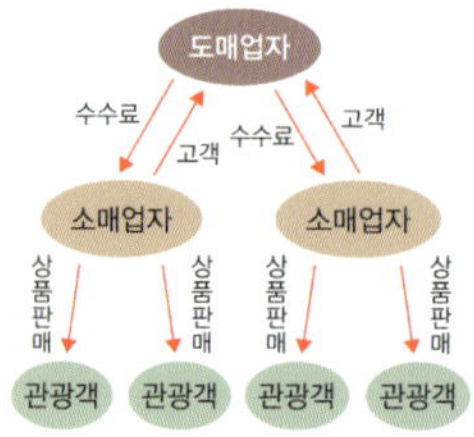
</td>
<td>예문1) 여행도매업자는 여행상품을 만들고 여행소매업자에게 공급하여 소비자에게 판매한다.
예문2) 여행소매업자는 여행도매업자에게 고객을 넘기고 판매 수수료를 받는다.</td>
<td>여행소매업자
여행도매업자가 생산한 여행상품을 제공받아 소비자에게 판매함
예) 가나여행사, 비둘기여행사</td>
</tr>
<tr>
<td>계절 집중성
1. 관광사업은 계절성이 강하기 때문에 수요의 변화가 심함
2. 성수기와 비수기의 구별이 뚜렷하며 계절별, 월별, 요일별에 따라 여행조건이 달라짐</td>
<td>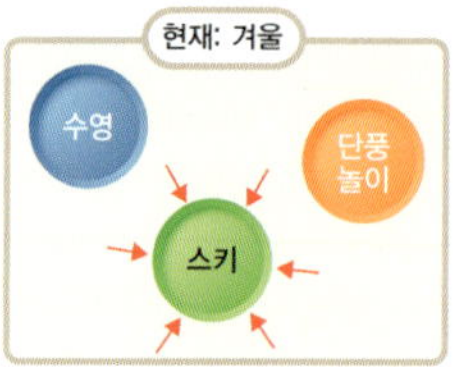
</td>
<td>여정관리
여행일정을 예정대로 관리하는 것으로 여행 인솔과 여행안내 서비스를 말함</td>
<td></td>
</tr>
<tr>
<td>사무자동화
문서 작성 및 보관과 전달 등을 컴퓨터를 활용하여 자동화하는 것</td>
<td>
</td>
<td>알선
남의 일이 잘되도록 소개하는 일</td>
<td></td>
</tr>
<tr>
<td>운용자금
무엇인가를 움직이고 경영할 수 있는 돈</td>
<td></td>
<td>고령화 사회
65세 이상 고령자의 인구 비율이 높은 사회</td>
<td>
</td>
</tr>
</table>

01. (　) 안에 알맞은 어휘를 쓰세요.

알선　　여행소매업　　사무자동화　　운용자금

1) 이 기업은 (　　　　　　)이 부족해서 어려움을 겪었다.
2) (　　　　　　)로 사무실 업무가 자동화되어 일처리가 빨라졌다.
3) (　　　　　　)는 여행상품을 고객에게 직접 파는 여행업자를 말한다.
4) 여행사는 여행객에게 수수료를 받고 숙소를 (　　　　　　)해 주었다.

02. 어휘사용이 알맞지 않은 것을 고르세요.

① 여정관리를 호텔에서 해 주기 때문에 신경 쓸 일이 적다.
② 관광업은 계절집중성이 강하기 때문에 비수기와 성수기로 구분된다.
③ 대한민국은 65세 이상의 노인이 늘어나면서 고령화 사회에 진입하였다.

■ 어휘와 표현을 알아봅시다.

대중관광 많은 사람들이 관광에 참여하여 얻을 수 있는 이익을 말함		**재무위험도** 돈이나 재산에 손실이 생길 위험이 있는 정도	
경영평가제 회사 경영을 평가하는 제도로 평가받는 회사에 점수를 부여하여 점수가 좋지 않을 경우 환경개선을 요구함		**부실여행사** 재무위험이 높은 여행사	
허가제 행정기관에 허가를 받은 뒤에 사업을 할 수 있는 제도		**소액자본 창업** 적은 돈으로 장사나작함	
여행시장의 세분화 여행시장을 자세하게 나누어 구분하는 것		**등록제** 일정한 자격 조건을 갖추고 등록하면 누구나 사업을 할 수 있는 제도	

03. (　　) 안에 알맞은 어휘를 쓰세요.

대중관광	소액 자본	부실여행사	재무위험도

1) 신용등급이 높은 회사는 (　　　　　　　　)가 낮다
2) 온라인 개인 쇼핑몰은 (　　　　　　　　)으로 창업할 수 있는 사업이다.
3) (　　　　　　　　)은 많은 관광객에게 저렴한 가격으로 숙박과 서비스를 제공하는 것을 말한다.
4) 자본금이 없이 여행사를 운영하는 (　　　　　　　　)로 인해 사고발생 시 관광객이 피해를 입을 수 있다.

04. 어휘 사용이 맞으면 O, 틀리면 X 하세요.

① 카지노사업을 허가제에서 등록제로 바꾸면서 사업신청이 어려워졌다. (　　)
② 여행사는 계절별, 상품별로 여행시장을 세분화하여 관광객 증가에 힘쓰고 있다. (　　)

Chapter 03

여행업

제1절 여행업의 개요

1. 여행업의 정의

여행업은 여행자를 대신하여 교통 · 숙박시설의 예약 · 알선 등을 하고 그 대가를 받는 사업을 말하며 프린서펄(principal)은 여행업자 입장에서의 공급업자를 의미한다. 그 관계를 살펴보면 다음과 같다.

[그림 3-1] 유통업자로서의 여행업

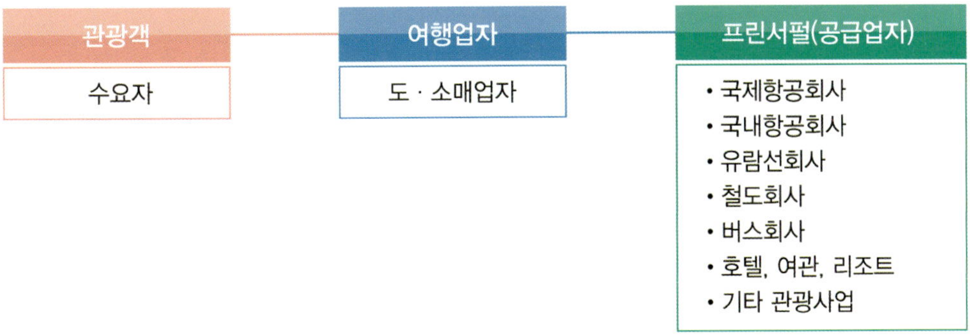

[출처] 하동현 외(2011:79) 관광사업론

2. 여행업의 특성

여행업은 다른 사업과는 전혀 다른 특성을 지니고 있다. 그중 가장 큰 특징은 경영구조적 특성과 사회현상적 특성이다.

1) 경영구조적 특성

첫째, 위험부담이 적은 사업이다. 설비투자가 필요 없는 사업이기 때문에 비교적 자금부담이 적은 사업이다. 또한 여행자가 호텔 객실을 취소하더라도 그 책임을 여행업자가 지는 경우는 거의 없기 때문에 위험부담이 적다.

둘째, 노동집약적 사업이다. 최근 사무자동화가 급속히 발전하였으나 고객과의 접촉 및 안내에 있어서는 인간을 대체할 다른 방법이 없기 때문에 여행업은 인간에 의존하는 사업이라 할 수 있다. 셋째, 운용자금을 활용할 여지가 있다. 여행업자는 여행대금을 받은 뒤 프린서펄에게 대금을 결제하기까지 시간적 여유가 있어서 그 자금을 달리 사용할 수 있다. 여행업자가 소액 자본을 투자했음에도 큰돈을 취급하는 이유가 바로 이 점이다.

2) 사회현상적 특성

첫째, 계절 집중성 사업이다. 여행수요는 요일이나 계절에 따라 매우 탄력적이다. 여행수요는 평일보다는 주말 또는 방학에 집중되는 현상을 보이고 있으며 겨울보다는 봄과 가을에 집중된다. 둘째, 제품수명주기가 짧다. 여행상품은 모방이 가능하기 때문에 여행상품을 사용할 수 있는 기간이 매우 짧은 편이다.

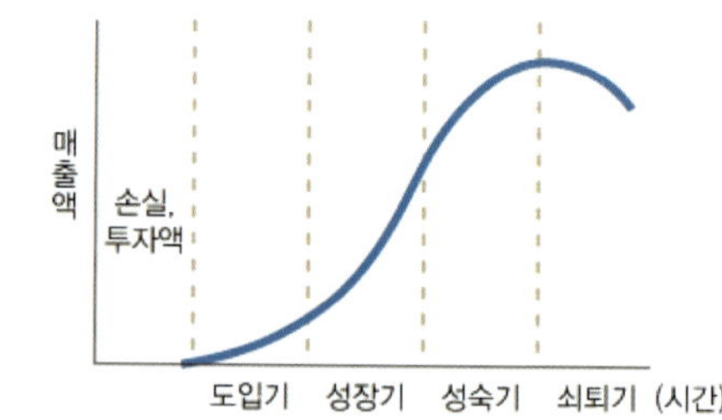

제품수명주기

---

01. 다음 설명으로 알맞지 않은 것을 고르세요.

① 여행업은 자금부담이 큰 사업이다.
② 여행업은 인간에 의존하는 사업이다.
③ 항공회사, 철도회사, 호텔 등을 프린서펄이라 한다.

3. 여행업의 기능

여행업은 서비스업으로서 여행업자는 여행 자체를 판매하는 것이 아니라 교통기관 또는 숙박시설 등을 함께 이용할 수 있도록 상품을 만들어서 판매한다. 다시 말해 여행업은 관광객과 프린서펄 사이에서 관광객이 겪을 수 있는 여러 불편함과 어려움을 중간에서 해결해 주는 기능을 한다. 〈표 3-1〉은 여행업의 기본적 기능에 대한 내용으로, 여행업이 여행의 즐거움을 극대화하며 단순한 업무부터 복잡하고 종합적인 역할을 하고 있음을 알 수 있다.

〈표 3-1〉 여행업의 기능

기능	여행업 기능	
예약 기능	• **항공권 또는 호텔예약** 항공권 판매나 숙박계약을 할 때에 관광객을 대신하여 예약을 함	 기획상품 홍보물
기획 · 판매기능	• **여행상품 기획 · 판매** 여행업자는 어떠한 여행상품이 잘 판매될 수 있는가를 조사하고 기획함 필요한 여행 상품을 개발하여 판매함	
발권기능	• **승차권 발권** 항공권, 숙박권, 승차권 등 각종 승차권을 발권함 특히 항공권 발권업무를 중시함	
여정관리기능	• **여정관리** 여행객 기대를 최대한 만족시키기 위해 여행사는 여행내용과 여행일정을 관리함	
상담기능	• **여행객 상담** 여행정보를 수집하여 여행객에게 제공하고 여행상품을 설명함 여행상담자는 목적지 나라의 기후, 음식, 화폐, 출입국 수속 절차 등에 대한 지식 등을 알고 있어야 함	

[출처] 안대희 외(2016:157~159). 관광사업론.

02. 여행업의 기능에 대한 설명으로 알맞지 않은 것을 고르세요.

① 숙박예약　② 은행업무 대행　③ 여행정보 제공　④ 여정일정 관리

03. 여러분은 여행계획을 세울 때 가장 힘들었던 부분은 무엇입니까? 친구들과 이야기해보세요.

- 여행일정을 짜기
- 항공 또는 호텔 예약
- 여행할 곳의 정보 부족

4. 여행업의 유형

여행업 유형을 구분하는 기준은 여행하는 사람과 여행하는 장소에 따라 분류가 된다. 여행하는 사람이 내국인인가 또는 외국인인가에 따라 그리고 여행하는 장소가 국내인가 또는 국외인가에 따라 일반 · 국외 · 국내 여행업 3개로 분류된다. 여행사 등록 기준은 자본금과 사용사무실을 두고 있는데 2019년 1월부터 등록기준이 완화되어 일반 여행업(종합여행업)은 5천만 원 이상, 국외 여행업은 3천만 원 이상 국내 여행업은 1500만 원 이상으로 바뀌었다.

〈표 3-2〉 여행업의 유형

종류	내용	등록기준
일반 여행업 (종합여행업)	**국내 또는 국외를 여행하는 내국인 및 외국인 대상으로 하는 여행업** • 여행상품의 제작판매, 관광객 모집, 여행수송, 항공권의 판매, 해외여행 판매 및 안내 등이 주 업무	자본금: 5천만 원 이상 사무실: 소유권 또는 사용권이 있을 것
국외 여행업	**국외를 여행하는 내국인 대상으로 하는 여행업** • 개인이 신청한 여권 및 사증을 받아주는 대행 업무 (여권은 개인이 신청해야 함) • 국외여행업은 패키지상품을 만들어 판매 • 최소한의 규모로 해외 여행상품을 판매하거나 알선해 주고 수수료를 받음	자본금: 3천만 원 이상 사무실: 소유권 또는 사용권이 있을 것
국내 여행업	**국내를 여행하는 내국인을 대상으로 하는 여행업** • 여행상품 제작판매와 알선 및 안내를 주업무로 함 • 국내선의 항공권, 철도승차권, 고속버스승차권, 이벤트 입장권 등을 대신하여 판매 • 국내여행업은 전세버스업을 함께 겸하는 경우가 많음	자본금: 1,500만 원 이상 사무실: 소유권 또는 사용권이 있을 것

국내여행	일반여행업	국외여행

[출처] 하동현 외(2011:87~88) 관광사업론, 정환 외(2016:22~24) 최신관광사업론

04. 관계있는 것끼리 연결해 보세요.

1) 일반 여행업 •　　• 팜드롱 씨는 5천만 원 이상의 자본금이 있으며, 국내외 여행자를 대상으로 하는 여행사를 차리고 싶어 한다.

2) 국내 여행업 •　　• 왕후아 씨는 3천만 원 자본금이 있으며 국내를 여행하는 외국인을 대상으로 여행사를 차리고 싶어 한다.

3) 국외 여행업 •　　• 수바스 씨는 1,500만 원 자본금이 있으며, 국내를 여행하는 내국인을 대상으로 여행사를 차리고 싶어 한다.

제2절 여행업과 여행상품

1. 여행업의 설립배경

여행은 17~18세기만 해도 특정 계층만이 할 수 있는 활동이었다. 특정 계층을 중심으로 시작된 여행은 대중들이 쉽게 즐길 수 없는 활동이었으나, 현재는 누구나 쉽게 여행을 할 수 있는 대중관광의 시대가 되었다. 대중관광이 보편화된 시기와 주요요소에 대해 살펴보면 다음과 같다.

〈표 3-3〉 여행업의 설립배경

분류	내용
관광의 시대	• 산업혁명(18세기 후반): 기계공업의 발달로 교통기술이 많이 변화함 • 1822년: 영국의 로버트 스마트사가 배로 여행하는 승객들의 편의를 위해 예약업무를 함 • 1841년: 토마스쿡(T. Cook)은 철도를 이용하여 특별여행상품을 기획함 역사상 첫 패키지 여행상품이 나타남
대중 관광의 시대	• 기계와 동력기술이 제1차 · 제2차 세계대전 이후에 크게 발전함 그 대표적인 예가 항공기술의 발달임 • 불특정 다수의 사람들이 참여하는 대중관광의 시대가 시작됨

[출처] 정환 외(2016:35) 최신관광사업론

여행이 대중화되면서 여행업이 발전하게 된다. 이렇듯 대중관광의 활성화 중심에는 사회적 변화가 있는데 주요인을 살펴보면, 첫째 대중들의 여가시간 증가이며, 둘째 교통기술의 발달이다. 기본적으로 관광은 여유로운 시간과 함께 인간의 이동을 전제로 한다. 교통과 기술 그리고 인터넷 발달은 대중관광의 기초가 된다. 특히 항공기술의 발달은 세계를 1일 생활권으로 만들면서 국제관광 발전에 중요한 역할을 했다. 셋째, 소득의 증가이다. 산업연구원의 발표에 따르면 대한민국 국민은 1년간 2.9회 여행을 다니며 평균 70만 원 정도의 여행경비를 사용한다고 한다. 다시 말해 월평균 가구소득이 높을수록 여행 횟수가 높아질 수 있음을 의미한다.

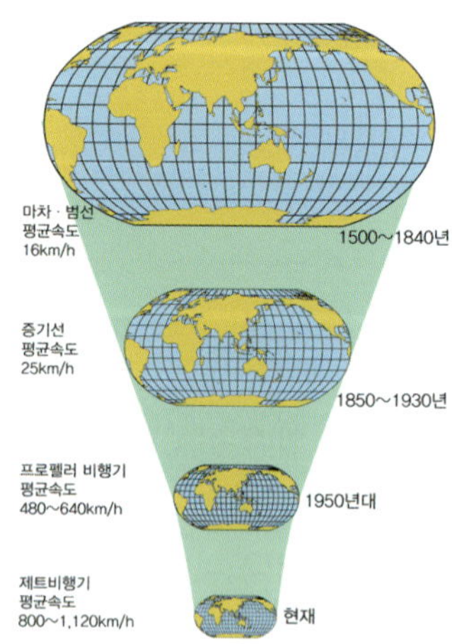

교통발달로 인한 1일 생활권

[출처] 정환 외(2016:36~37) 최신관광사업론

[그림 3-2] 소득과 여행 상관관계

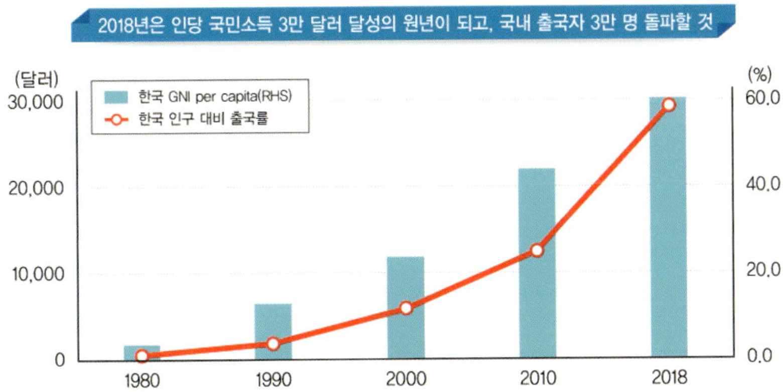

자료: 한국관광공사, Word Bark 추정은 대신증권 Research&stategy 본부

05. 맞으면 0, 틀리면 X 하세요.

1) 여행이 대중화되면서 여행업이 발전하게 되었다. (　　)
2) 항공기술 발달은 여행업 성장에 결정적 역할을 하였다. (　　)

2. 여행상품

1) 여행상품 개념

유엔세계관광기구(UNWTO)에 의하면 여행상품은 '여행목적지, 숙박, 교통수단, 보조서비스와 관광매력을 결합시킨 것'으로 정의한다. 여행상품은 여행활동 중에 이용하게 되는 시설 또는 서비스를 말한다.

여행상품

여행사는 여행 전에 여행객의 욕구나 경제성 등을 고려하고 숙박시설, 교통기관, 관광대상 등을 결합하여 상품화하는데, 여행상품이 무엇인지 알기 위해서는 여행상품의 특성을 살펴볼 필요가 있다.

2) 여행상품의 특성

〈표 3-4〉 여행상품의 특성

분류	내용
무형성	• 여행상품은 구체적인 형태가 없어서 만질 수도 볼 수도 없으며 자신이 직접 여행을 해 보기 전에는 여행지에 관한 모든 것을 확인할 수 없음 • 무형성의 특성 때문에 여행객에게 여행상품을 구매하도록 설득하거나 상품에 대한 정확하고 상세한 설명이 어려움
모방성	• 여행상품은 판매를 위해 상품내용을 공개해야 하고 여행상품 구성요소인 숙박, 교통기관, 식당, 여행 관련 시설 등 여행사별로 차별화하기 힘들기 때문에 타 여행사가 모방하기 쉬움
동시성	• 여행상품은 먼저 판매되고 소비됨 • 공급과 수요가 같은 장소에서 동시에 행해지기 때문에 항공좌석과 호텔객실 등을 먼저 구매함
수요의 계절성	• 여행상품의 계절성은 여행수요가 특정 시기의 편중되는 것을 의미함 • 성수기와 비수기에 따라 여행수요의 증감 정도가 다르며 여행요금도 달라짐 • 수요의 계절집중화 현상은 항공권 예약이나 호텔예약을 어렵게 하는 원인임
이질성	• 여행상품의 가치는 고객의 주관적 기준에 의해 결정 • 동일가격에 동일한 일정의 여행일지라도 고객의 욕구와 성향에 따라 평가기준은 달라짐 • 여행상품은 서비스 질에 따라 상품의 질이 다르게 느껴질 수 있기 때문에 상품의 차별화가 어려움 • 여행 서비스품질의 일관성을 유지하는 것이 중요함

[출처] 정환 외(2016:95~97), 최신 관광사업론

06. 관계있는 것끼리 연결해 보세요.

1) 이질성	•	• 열심히 준비한 여행상품을 다른 여행사가 똑같이 따라 했다.
2) 모방성	•	• 이 여행상품은 젊은 사람들에게는 평이 좋으나 고령층에게는 평이 좋지 않았다.
3) 수요의 계절성	•	• 여름에는 스키장 여행상품이 안 팔린다.

3. 여행업의 문제점과 개선방안

1946년 12월 17일 민원식 씨에 의해 최초로 조선여행사가 세워졌다. 1960년에는 셋방 여행사가 설립되었고 민간업체의 참여가 시작되었다(윤대순, 1990). 이후 여행업제도는 허가제에서 등록제로 바뀌었고 1989년 국민해외여행이 완전 자유화되면서 소규모 여행업체가 폭발적으로 증가하였다. 여행사의 급증은 과도한 경쟁으로 인한 광고료의 과다 지출과 불건전한 관광알선 등 같은 문제가 생기게 되었다. 이처럼 여행사의 발전과정에서 다양한 문제점이 발생하였으며 이를 개선하기 위한 방안은 다음과 같다.

〈표 3-5〉 여행업의 문제점 및 개선방안

분류	문제점	개선방안
여행시장의 문제점	• 여행업체 간의 과도한 가격경쟁	• 법적 · 제도적 장치 강구
	• 고령화 사회 진입	• 고령화 여행자 맞춤 여행상품 개발
	• 여행업의 지역적 편중	• 대형 여행사의 지사 설치 유도
	• 관광객이 여행사를 이용하지 않음	• 여행만족도를 고려하여 여행프로그램을 개발
여행사 내부 경영의 문제점	• 영업비용 과다지출	• 업무의 사무자동화를 통한 비용절감
	• 열악한 재무구조(타자본 비율 높음)	• 부실여행사의 행정지도 강화, 경영평가제를 도입함
	• 재무위험도가 낮은 상품(인기가 많은 상품)에 대한 의존도가 높음	• 소비자 지향적 여행상품을 개발하고 판매해야 함
마케팅 문제점	• 여행상품 생산의 문제점 여행상품 기획능력 부족 상품개발자의 경험부족 상품개발을 위한 사전시장조사 부족	• 기획능력 향상을 위한 마케팅교육과 어려움을 이야기할 수 있는 부서를 신설함
	• 여행시장의 세분화 미흡	• 시장별, 계절별, 상품별, 인구 통계적으로 세분화함
	• 관리부서의 업무가 많음	• 업무가 적은 부서로 옮기는 직원 순환 근무제도를 도입

[출처] 정환 외(2016:46) 관광사업론

07. 윗글의 내용으로 알맞지 않은 것을 고르세요.

① 상품개발자의 경험이 부족하다.
② 한국 최초의 여행사는 1946년에 세워졌다.
③ 새로운 여행상품에 과다한 투자를 하고 있다.
④ 관리부서의 업무가 많기 때문에 직원순환근무제를 도입해야 한다.

08. 여러분은 여행사 직원입니다. 직장동료의 어려움을 듣고 대안을 제시해 보세요.

일하면서 어려운 점	대안
• 일이 너무 많다. • 여행상품개발 방법을 모르겠다. • 여행상품 만족도가 좋지 않은 상품이 너무 많다.	• 업무 부서를 바꾸어 주었으면 좋겠다. • 여행상품개발 관련 교육을 받으면 좋겠다. • 소비자의 목소리에 귀 기울인 상품을 개발해야 한다.

01. 여러분은 코로나19와 같은 사회현상이 여행업에 미치는 영향에 대해 생각해 본 적이 있나요? 다음 기사 제목을 보고 무엇에 대한 이야기인지 말해보고 질문에 답하세요.

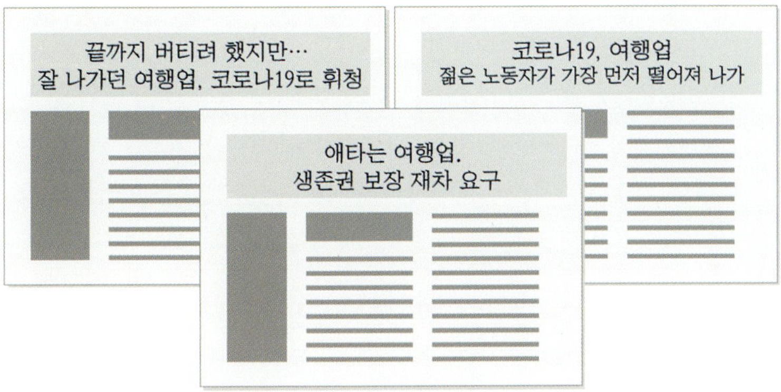

1) 기사들을 통해 알 수 있는 내용은 무엇인가요?

2) 여행업은 코로나19와 같은 사회문제에 가장 민감하게 반응합니다. 그 이유는 무엇이라고 생각하나요?

02. 그래프 내용과 같은 것을 고르세요.

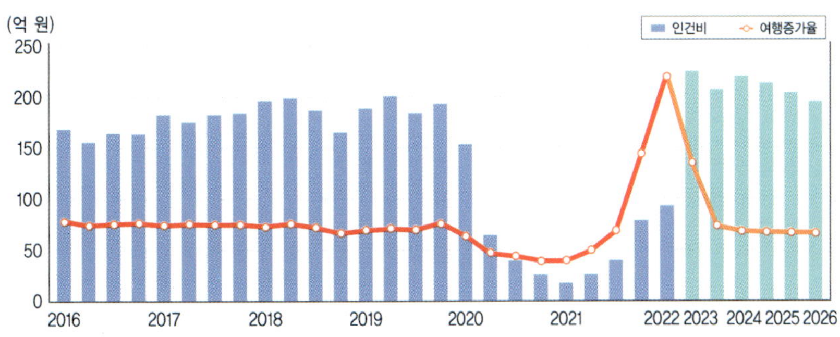

2022년 이후 여행업 수요 전망 그래프

① 여행이 증가하면 인건비는 감소한다.
② 2021년 이후에는 여행이 감소할 전망이다
③ 여행 증가율과 여행비용에 관한 그래프이다.
④ 2020년 이전에 비해 2021년에는 인건비가 감소했다.

03. 다음은 코로나 19와 여행업에 대한 기사입니다. 글을 읽고 물음에 답하세요.

> 코로나 19로 인해 여행업은 이전에 경험하지 못한 여러 가지 문제들이 나타나면서 침체기에 접어들게 되었다. 여행업계에는 이러한 문제를 해결하기 위한 여러 가지 변화가 일어나는데 가장 눈에 띄는 변화는 국내여행의 급격한 성장이다. 해외여행이 거의 불가능해지면서 여행에 대한 갈증을 느끼는 소비자들은 국내 여행에 몰리게 되었다.
>
> 이색적인 여행상품의 예로 인천공항에서 출발해 국내 상공을 비행한 뒤 다시 인천공항으로 돌아오는 '목적지 없는 비행' 상품이 있는데 완판이 될 정도로 큰 인기를 끌었다.
>
> 이렇듯 여행업 시장은 위기를 극복하기 위한 여러 가지 새로운 방법들을 찾아가는 중에 있다.

1) 윗글에서 나오지 <u>않은</u> 것을 고르세요.

① 여행업의 변화　　② 여행업의 미래 전망　　③ 여행업이 침체된 원인

2) 윗글의 내용과 같은 것을 고르세요.

① 여행업은 코로나 19로 침체기에 접어들었다.
② 소비자들은 비행기만 타는 상품에는 관심이 없다.
③ 소비자들은 코로나 19로 인해 해외여행에 몰리고 있다.
④ 인천공항에서 출발해서 해외 상공까지 비행한 뒤 돌아오는 여행상품이 인기이다.

04. 여러분은 여행사 사장님입니다. 여행사가 앞으로 더 번창하기 위해서는 다음과 같은 문제를 해결해야 합니다. 이를 극복하기 위해 여러분은 어떠한 노력을 할지를 생각해 보고 글을 써 보세요.

현재의 상황과 문제점	여행상품의 획일화, 종업원의 임금문제, 서비스 질
극복방안	

> 나는 여행사를 운영한 지 1년 정도 되었다. 여행사 운영 경험이 많지 않아 여러 가지 문제에 직면하면서 여행사가 힘들어지고 있다. 현재 직면하고 있는 문제는

"여행업"의 등장

토마스 쿡

관광의 아버지로 알려진 토마스 쿡(Thomas Cook)은 럭스버러(Loughborough)에서 레스터(Leicester)까지 열차객실을 빌려 단체여행을 기획하고 1인당 1씰링(Shilling)의 가격으로 570명 승객을 수송했다. 이전에도 철도를 이용한 단체여행은 있었지만, 관광객을 모집하여 직접 그들과 동행한 것은 토마스 쿡이 처음이었다. 이 일이 많은 사람들에게 알려져 인기를 얻게 되자 토마스 쿡은 최초로 여행사를 만들게 되었고, 그 후 토마스 쿡의 아들인 존 메이슨 쿡(John Mason Cook)과 함께 여행사 토마스 쿡 앤 썬(Thomas Cook and Son)를 설립하였고 현재는 'Thomas Cook Group plc'이라 불린다.

토마스 쿡은 최초의 철도유람중개인이자 세계 최초의 여행사로 영국을 대표하는 여행사가 된다.

토마스 쿡 항공사와 회사

쿡 사(Cook's company)는 급격히 성장하여 유럽뿐만 아니라 미국과 전 세계에 에스코트 투어(escorted tour)를 제공하면서 값싼 비용으로 여행을 즐길 수 있도록 교통과 숙박을 포함한 여행상품을 만들어 판매하였다. 이는 현재의 패키지 투어의 시작이 되었다.

또한 토마스 쿡은 '쿡의 법칙(Cooks principle)'라는 단체할인요금을 도입하면서 관광의 대중화를 이루게 되었고 현재 단체여행 기틀을 마련하게 된다.

쿡의 법칙

첫째, 관광여행의 요금을 낮추면 여행 수요는 증가한다.

둘째, 교통기관이나 숙박시설은 고정비가 높기 때문에 이용자가 늘어나면 1인당 가격이 내려가도 수익은 증가한다.

셋째, 단체할인제도를 도입하면 이용자나 교통업자, 숙박업자도 모두 만족할 만한 결과를 얻을 수 있다.

CHAPTER 04

관광숙박업

롯데호텔 본점 소개(28초~7분 22초)

1. 여러분은 호텔을 이용해 본 적이 있나요? 어떤 호텔에서 묵었나요?
2. 여러분이 선택한 호텔은 어떤 점이 좋았나요?

생각하기

1. 여행지의 숙박시설에는 어떤 종류들이 있나요?
2. 여러분은 어떤 숙박시설을 이용하고 싶어요? 그 이유는 무엇인가요?

■ 어휘와 표현을 알아봅시다.

여관 모텔보다 규모가 작고 시설이 오래된 저렴한 숙박시설		**모텔** 자동차로 여행하는 사람이 묵을 수 있도록 주차장을 갖춘 숙박시설	
취사시설 음식을 만들 수 있는 공간		**민박** 자신의 집 일부를 숙박시설로 이용	
연수 기업이나 학교 등과 같은 단체에서 재교육을 의미함		**노후선박** 낡고 오래된 배	
부대 시설 건축물에 함께 설치된 시설 예) 주차장, 자전거 보관소, 쓰레기 처리 시설		**구조물** 일정한 설계에 따라 여러 재료를 섞어서 만든 것 예) 건물, 다리, 터널 등	

01. ( ) 안에 알맞은 어휘를 골라 쓰세요.

여관	취사시설	모텔	연수시설	노후선박

1) ( )은 주차할 공간이 있어서 숙박할 때 편해요.
2) 리조트는 ( )이 있어서 음식을 만들어 먹을 수 있어요.
3) 특급호텔은 직원들을 재교육할 수 있는 ( )을 갖추고 있다.
4) 시설은 좋지 않지만 가격이 다른 숙박시설보다 싸서 ( )에 묶고 있어요.
5) 최근 바다에 ( )을 고정하여 숙박시설로 이용하는 사업이 인기가 있다.

■ 어휘와 표현을 알아봅시다.

개별관광객 혼자 여행하는 사람		**배낭여행객** 여행사의 도움이 없이 최소의 경비로 자신이 계획한 일정에 따라 여행하는 사람	
응접실 손님을 접대하기 위하여 꾸며 놓은 방		**연중무휴** 일 년 내내 하루도 쉬는 날이 없음	
고객응대 고객을 맞이하여 접대하는 것		**불시 평가** 시간을 정하지 않고 갑자기 찾아가서 평가하는 것	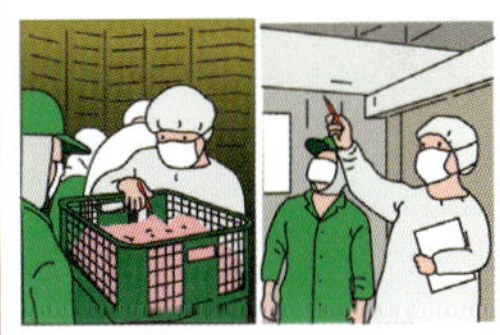
마모 마찰로 인해 닳아서 없어짐		**조기노후화** 비교적 빠른 시기에 제 구실하지 못할 정도로 낡고 오래된 현상	

02. (   ) 안에 알맞은 어휘를 골라 쓰세요.

마모 배낭여행 연중무휴 개별관광객 고객응대

1) 호텔은 365일 (   )로 일한다.

2) 차를 오래 탔더니 타이어가(   ) 되었다.

3) 소비자 만족을 높이기 위해서는 (   )가 빨라야 한다.

4) 많은 젊은이들은 최소의 경비로 여행할 수 있는 (   )을 선택한다.

5) 최근 혼자 여행하는 (   ) 증가로 인하여 지역사회가 활기를 띠고 있다.

Chapter 04

관광숙박업

제1절 숙박업의 개요

1. 호텔의 정의

숙박업의 사전적인 의미는 '여관이나 호텔과 같이 손님이 숙박하고 요금을 받는 영업'을 뜻한다. 다시 말해 호텔은 다양한 숙박업 중 한가지이다. 집이 아닌 곳에서 숙박을 해결해야 할 때 머무르는 곳인 호텔은 단순히 잠자리와 아침식사를 제공하는 호텔부터 각종 편의시설과 고급레스토랑 등을 보유한 특급호텔까지 다양하다.

부대시설/객실

이처럼 호텔의 정의는 국가마다 다양하며 우리나라도 다양한 견해를 보인다(안대희 외, 2013: 175~177).

1) 사전적 정의

옥스퍼드 사전에는 '여행자를 위하여 객실과 식사를 제공하는 건물'로 정의하고 있으며 표준국어대사전에는 '비교적 규모가 큰 서양식 고급 여관'으로 정의하고 있다.

2) 법적 정의

「관광진흥법」 제3조 1항 2호에는 '관광객의 숙박에 적합한 시설을 갖추어 이용하도록 하고 음식을 제공하는 숙박업'이라고 정의되고 있다. 호텔이라는 명칭 사용에 제한이 없어 모텔이나 여관 등에서 '호텔'이라는 명칭 사용이 가능하나 관광호텔은 관광진흥법상 '관광사업등록'이 된 경우에만 사용 가능하다.

3) 학계의 정의

학자들마다 여러 가지 견해를 달리하나, 여기에서 호텔 역할 관점과 호텔조직관리 중심으로 정의한 내용을 살펴본다. 호텔 역할 관점에서는 "자기 집을 떠나 여행하는 관광객을 위하여 숙박과 음식을 제공하는 업"이라 정의할 수 있으며, 조직관리 관점에서는 '호텔은 자본력이 있는 사람이 객실과 음식을 제공할 수 있는 시설을 갖추고 잘 훈련된 직원으로 하여금 조직적으로 봉사하도록 하여 대가를 받는 기업'으로 정의하고 있다.

2. 호텔의 등급

1) 호텔등급 배경

1971년부터 약 40여 년간 '무궁화' 등급을 사용하였으나 한국을 방문하는 외국인이 많아지면서 2014년 말부터 국제적으로 통용되는 별 등급 체계로 변경되었다. 별 등급은 1성급에서 5성급까지 다섯 단계로 이루어져 있으며 별등급은 단순 가격이 아니라 호텔이 제공하는 서비스와 부대시설에 대한 정보가 담겨있다.

[그림 4-1] 호텔등급 표지 변경

[출처] https://motelkeeper.tistory.com/210

2) 호텔등급 결정

국내호텔에 등급이 생긴 이유는 호텔 서비스 품질을 등급화하여 이용자의 합리적 선택을 돕기 위해서 시작되었다. 2015년 1월부터 호텔등급은 공정성과 신뢰도 향상을 위해 '한국관광공사'에서 등급결정 업무를 담당하고 있다.

5성급 호텔로비

등급평가 대상은 「관광진흥법」에 따라 관광호텔업, 수상관광호텔업, 한국전통호텔업, 가족호텔업, 소형호텔업 또는 의료관광호텔업에 등록된 경우 등급결정대상에 포함된다. 호텔업의 등급은 5성급 · 4성급 · 3성급 · 2성급 및 1성급으로 구분된다.

〈표 4-1〉 **호텔등급 대상**

관광진흥법(문화체육관광부 관장)		공중위생관리법(보건복지부 관장)
등급결정대상	등급결정 비대상	등급과 무관
관광호텔업 한국전통호텔업 소형호텔업 의료관광호텔업 수상관광호텔업	휴양콘도미니엄업	모텔, 여관, 여인숙 등

심사는 '현장평가, 불시평가, 암행평가' 총 3가지 심사 유형이 있다. 현장평가는 평가원이 호텔 측에 미리 날짜를 통보하고 방문하는 심사를 말한다. 호텔 브리핑과 시설 점검, 직원 인터뷰 등을 거쳐 진행되며 1~5성 호텔 모두에서 이루어진다. 하지만 불시에 방문하는 불시평가는 호텔을 불시에 찾아가 객실과 욕실, 공용 공간 서비스 등 4가지 항목에 걸쳐 심사하는 것으로 1~3성 호텔에서만 이루어진다. 암행평가는 평가원이 손님으로 가장하여 호텔에서 1박을 하면서 호텔 서비스를 평가하는 것을 말한다. 암행평가 시 호텔 내에서 소비되는 모든 경비와 수수료는 호텔 측에서 부담해야 한다.

한편 2015년 1월부터 기존에 등급을 이미 받았던 호텔이라도 평가받은 지 3년이 지나면 60일 이내에 등급심사를 다시 받아야 한다.

01. 다음 중 알맞지 않은 것은 무엇인지 고르세요.

① 호텔의 규모와 등급은 모두 동일하다.
② 호텔 등급은 1성급에서 5성급으로 구분된다.
③ 호텔 등급 표시를 처음에는 무궁화로 하였다.
④ 호텔은 숙박에 적합한 시설을 갖추어 음식을 제공하는 숙박업이다.

02. 호텔 평가원이 여러분이 일하고 있는 호텔을 평가하러 왔습니다. 오늘 하루를 친구에게 이야기 해보세요.

현장평가	불시평가	암행평가

3. 호텔사업의 특성

불특정 다수를 대상으로 하는 호텔사업은 다양한 특성이 있는데 이를 구체적으로 살펴보면 다음과 같다.

〈표 4-2〉 **호텔사업의 특성**

특성	호텔사업의 특성		
		주요기능(숙박)	서비스 유형(객실)
호텔서비스의 특성	핵심적 서비스	• 숙박과 음식제공, 모임, 휴식	• 레스토랑, 커피숍, 라운지 및 바, 제과점, 뷔페, 한식당, 중식당, 일식당 및 나이트클럽 등
		• 사회문화적 행사(전시회, 운동관람, 국제회의 등)	• 연회 및 컨벤션
		• 각종 모임(회갑연, 약혼식, 가족모임 등)	
	부대 서비스	• 번역, 문서작성 등 • 각종 사무	• 비즈니스센터
		• 기념품 판매 및 건강관리	• 기념품 판매점, 헬스장, 테니스장, 수영장, 골프장, 카지노 등

특성	호텔사업의 특성
인적서비스 의존성	• **서비스 강조** 인적자원에 대한 의존도가 타 기업에 비해 높으며 고객과 종사원의 접촉에 대한 만족도는 호텔평가에 영향을 미친다.
연중무휴업	• **연중무휴** 365일 서비스가 제공되며 고객의 활동시간에 맞게 고객 응대가 이루어진다.
계절성	• **성수기와 비수기** 성수기와 비수기, 주말과 주중의 수입격차가 심하다.
조기 노후화	• **훼손과 마모** 호텔시설은 타 시설보다 훼손과 마모가 심해서 경제적 가치가 떨어진다.
공공장소 유지	**공공장소를 반드시 유지** • 비생산적 공공장소: 로비 등 • 생산적 공공장소: 레스토랑, 커피숍 등
서비스 이용시간	• **호텔 서비스 이용시간** 이용하는 고객의 90%는 3박 4일 이하로 객실을 이용하며 식음료를 이용하는 서비스 이용시간도 비교적 짧다.

[출처] 안대희(2013:188~192) 관광사업론

03. 다음 설명으로 알맞지 않은 것을 고르세요.

① 호텔은 매달 월요일에 쉰다.
② 호텔서비스는 인적자원 의존도가 높다.
③ 호텔시설은 다른 시설에 비해 수명이 짧다.
④ 호텔은 성수기와 비수기에 따라 수입격차가 심하다.

04. 여러분들이 이용한 숙박시설의 장점과 단점을 이야기해 보세요.

제2절 호텔 유형

1. 법규에 따른 유형

「관광진흥법」에 따르면 관광숙박업은 '관광사업에 등록신청'을 한 숙박업을 말하며, 관광숙박업의 유형을 크게 호텔업과 휴양콘도미니엄으로 나눈다(정환 외, 2016:134~135).

〈표 4-3〉 관광숙박업 유형

대분류	세부업종	
관광숙박업	호텔업	관광호텔업
		수상관광호텔업
		한국전통호텔업
		가족호텔업
		호스텔업
		소형호텔업
		의료관광호텔업
	휴양콘도미니엄업	

[출처] 정환 외(2016:134) 최신관광사업론

1) 호텔업

(1) 관광호텔업

관광객에게 음식을 제공하며 운동, 오락, 휴양, 공연, 연수 등의 시설을 갖추고 있다.

네덜란드 크루즈수상호텔

(2) 수상관광호텔업

물 위에 구조물 또는 선박을 고정하여 설치한 숙박시설로 노후 선박을 개조하여 이용한 호텔이다.

(3) 한국전통호텔업

1991년 제주도 중문관광단지에 처음으로 등록하였으며 한국전통 건축물로서 한국적 객실과 정원을 갖추고 한국전통음식을 제공한다.

제주한옥호텔 한라궁

(4) 가족호텔업

가족단위 관광객이 이용할 수 있는 취사시설이 객실별로 설치되어 있거나 공동취사장이 있는 숙박시설을 말한다. 일반적으로 자연경관이 훌륭한 지역에 위치하고 있으며 운동, 오락시설 등을 갖추고 있다.

(5) 호스텔업

개별관광객 또는 배낭여행객을 위한 숙박시설로 샤워장, 취사장 등과 같은 편의시설과 함께 내국인과 외국인을 위한 문화정보 교류시설 등을 갖추고 있다.

(6) 소형호텔업

2013년 11월에 신설된 업으로 객실은 20실 이상 30실 미만이어야 하며 부대시설은 2개 이상 갖추고 있어야 한다. 그러나 주변 주거환경에 피해를 주는 부대시설은 설치할 수 없다.

(7) 의료관광호텔업

투숙객(의료관광객과 동반자)이 방문을 할 때 편리하게 이용할 수 있도록 의료관광호텔시설과 의료관광시설을 별도로 설치한다.

2) 휴양콘도미엄업

숙박과 함께 취사, 운동, 오락, 휴양, 공연 등을 제공하는 숙박업이다. 숙박과 취사가 가능한 시설을 갖추고 회원, 또는 관광객이 숙박과 부대시설을 함께 이용한다.

2. 요금에 따른 분류

1) 스위트 호텔(Suite hotel)

숙박산업에서 가장 빠르게 성장한 호텔로서 객실 내에 응접실과 침실로 구분되어 있다. 일하는 장소와 침실을 구분하여 이용객들이 집처럼 느낄 수 있다. 일반적으로 주방시설, 냉장고, 바 등이 포함되며 도심지에서 조금 떨어진 곳에 위치한다.

제주롯데호텔의 객실 내부

2) 저가격 호텔(Low cost hotel)

보통은 제한적 서비스(limited service) 호텔이라 불린다. 가격을 중요하게 생각하는 관광객이 주로 이용하며, 기본적으로 시설이 깨끗하여 가족휴가 여행자, 단체관광자, 출장 또는 연수를 목적으로 하는 사람들이 주로 이용한다.

3) 배드 앤 블랙퍼스트(Bed & Breakfast)

영국과 북아메리카, 아일랜드, 뉴질랜드, 오스트레일리아 등 주로 영어권 국가에 있는 숙박시설이다. 숙박과 아침 식사를 비교적 저렴한 가격으로 이용할 수 있다. 한두 개의 객실을 보유한 민박형태의 호텔에서 20~30개의 객실을 보유한 작은 규모의 시설에 이르기까지 다양하다. 식사 또한 유럽식 식사에서 풀코스 정식에 이르기까지 다양하다.

05. 관계있는 것끼리 연결하세요.

① 의료관광호텔업 •	• 회원 및 관광객이 숙박과 취사, 부대시설을 이용할 수 있다.
② 한국전통호텔업 •	• 소규모 숙박과 부대시설을 갖추고 있다.
③ 호스텔 •	• 개별관광객 또는 배낭여행객을 위한 숙박시설이다.
④ 휴양콘도미니엄업 •	• 한국전통 건축물에 숙박과 부대시설을 갖추고 관광객이 이용할 수 있도록 하였다.
⑤ 소형호텔업 •	• 의료관광호텔시설과 의료관광시설을 갖추고 있다.

06. 알맞은 것을 골라 문장을 완성하세요.

스위트 호텔	베드 앤 블랙퍼스트	저가격 호텔

1) 저는 숙박과 아침식사를 제공받는 (   )에서 머물고 있어요.
2) (   )은 가격이 저렴해서 오랫동안 머물러도 부담이 적어요.
3) (   )은 응접실과 침실이 분리되어 있어서 일할 때 편리해요.

3. 사용목적에 따른 유형

1) 상용호텔(commercial hotel)

여러 호텔 중 가장 많은 부분을 차지하며 사업을 목적으로 여행하는 고객이 주 대상이기 때문에 비즈니스 호텔이라 불리기도 한다. 사업상 용무로 이용하는 사람들을 주요고객으로 삼고 있기 때문에 사람들이 많이 모이는 도심지에 위치한다. 룸서비스, 커피숍, 로비 라운지 고급 식당들을 보유하고 있다.

그랜드힐튼호텔컨벤션홀

2) 컨벤션 호텔(Convention hotel)

많은 호텔들은 컨벤션에 필요한 장소를 보유하고 있지만 특히 컨벤션 호텔은 컨벤션의 성공적인 개최를 위한 모든 서비스와 시설을 갖추고 있다. 대표적인 예로 서울힐튼호텔은 국제회의 수용인원이 3,200명이고 객실수는 692실이다. 그리고 그랜드 인터컨티넨탈은 국제회의 수용인원이 1,800이고 객실수는 543실이다.

3) 리조트 호텔(resort hotel)

휴가 여행객들이 주 고객층이며, 경치가 좋은 산이나 해변에 위치하고 있으며 헬스클럽시설과 사우나시설 등을 보유하고 하고 있다. 댄스, 골프, 테니스, 승마, 하이킹 등의 다양한 레저 활동을 호텔 내에서 즐길 수 있다. 대표적 예로 제주도 중문단지에 있는 제주신라 호텔, 호텔롯데제주, 제주하얏트 호텔 등이 여기에 해당한다.

06. 관계있는 것끼리 연결하세요.

① 컨벤션 호텔 •		• 휴가여행객들이 주 고객층이며 경치가 좋은 곳에 위치해 있다.
② 리조트 호텔 •		• 컨벤션의 성공적인 개최가 가능한 서비스와 시설을 갖추고 있다.
③ 상용호텔 •		• 비즈니스호텔이라고 불리기도 하며 주로 도심에 위치해 있다.

07. 다음과 같은 상황에서 선택한 호텔은 어떤 호텔인가요? 친구들과 이야기해보세요.

- 가족들과 여행을 간 상황
- 출장으로 부산에 간 상황
- 학생 신분으로 전국일주 하는 상황

01. 다음은 호텔 광고입니다. 무슨 내용인지 이야기해 보세요.

올 한해 수고한 당신을 위한 연말파티 즐기기 딱 좋은 특가호텔 추천

- 연말을 맞이해 친구들과 즐거운 파티를 계획한다면 파티를 즐기기에 딱 좋은 특가호텔에 주목하세요.
- 최대 6인까지 숙박 가능한 파티룸도 가능합니다.

연말 특가파티 광고

1) 최대 몇 명까지 숙박 가능한가요?
2) 호텔 객실을 무엇으로 사용할 수도 있어요?
3) 이 광고는 누구를 대상으로 한 호텔광고라고 생각하나요?

02. 다음은 호텔 프로모션입니다. 다음을 읽고 맞으면 O, 틀리면 X 하세요

1) 이 프로모션은 계속 진행될 예정이다. (　　　)
2) 누구나 이 프로모션에 참가할 수 있다. (　　　)
3) 크리스마스 복장을 입기만 해도 선물을 준다. (　　　)
4) 이 프로모션은 서울 관광호텔에서 준비한 것이다. (　　　)

03. 다음은 연말 프로모션에 대한 기사이다. 글을 읽고 물음에 답하세요.

크리스마스 이벤트

서울관광호텔은 크리스마스를 맞이하여 산타 복장을 하고 사진을 찍어 SNS에 업로드를 하면 기프트 팩(gift pack)을 증정하는 이벤트를 실시하고 있다. 기프트 팩은 호텔에서 준비한 다양한 선물로 랜덤(random)으로 증정된다. 선물은 아이들 장난감과 고급 향수로 구성되어 있으며 서울관광호텔을 이용하는 고객에 한해 제공된다.

기프트 팩 증정 이벤트 외에도 다양한 프로모션을 진행 중에 있다. 현재까지 꾸준한 인기를 얻고 있는 케이크 만들기 체험 이벤트가 있으며 고객 감사 재방문 할인 이벤트가 함께 진행 중이다. 재방문 할인 이벤트는 올해 서울 관광호텔에 방문했던 영수증을 제시할 경우 호텔의 모든 시설을 이용할 수 있는 쿠폰을 제공한다.

1) 윗글에서 나오지 않은 것을 고르세요.

① 이벤트 내용　② 이벤트에 제공되는 선물 내용　③ 이벤트 산업 전망

2) 윗글의 내용과 다른 것을 고르세요.

① 기프트 팩은 호텔에서 준비한다.
② 방문 이벤트도 함께 진행 중에 있다.
③ 장난감 등을 주는 이벤트를 하고 있다.
④ 케이크 만들기 체험 이벤트는 이번에 처음 실시한 이벤트이다.

04. 여러분들은 호텔 직원입니다. 고객의 재방문을 위해 어떤 이벤트를 기획하시겠습니까? 간단하게 메모한 후 기획한 이벤트를 신문 기사로 써 보세요.

이벤트 대상	송년회, 신년회, 돌잔치, 모임 행사(가족모임, 동호회모임 등)
이벤트 선물	
재방문 이벤트	

______________이벤트

서울관광호텔은 ______________________________
이벤트를 실시하고 있다.______________________________

우리나라 서양식 호텔 등장

최초의 호텔

한국 최초의 근대식 호텔은 1888년 인천에 세워진 대불호텔이다. 대불호텔은 서양식으로 설계된 3층 벽돌 건물로 지어졌으며, 일본어가 아닌 영어로 손님을 맞이하였다. 인천항에 내린 서양인을 상대로 운영되었던 대불호텔은 침대객실 11개, 다다미방 240개의 객실로 운영되었으며 다른 일본식 호텔에 비해 2배 이상으로 비쌌다.

그러다 1899년 철도가 개통하면서 인천항에서 한성으로 가는 시간이 줄어들면서 인천항에 머무를 필요가 없어지게 되자 고객들은 더 이상 대불호텔을 찾지 않게 되었다.

대불호텔

대불호텔객실내부

최초의 근대식 호텔

'미스터션사인'의 '글로리 빈관'의 실제 배경인 '손탁호텔'은 우리나라 근대식 호텔의 개념을 도입한 최초의 호텔이다. 독일 여성인 손탁(Sontag)은 고종으로부터 받은 집을 헐고 1902년 호텔을 세웠다. 손탁호텔은 커피 애호가인 고종의 사랑을 받은 커피하우스로도 유명한 호텔이다. 1층은 일반 객실과 식당 커피숍 등이 있었고, 2층에는 25개의 귀빈용 객실을 갖췄다. 서양요리와 커피숍을 갖춘 손탁호텔은 주요 정치 관련 이야기를 나누던 정치적 모임 장소로도 유명하였다.

손탁은 1902년 프랑스로 돌아갔다. 그 후 1917년 이화학당이 손탁호텔을 구입하여 기숙사로 사용하다가 1922년에 손탁호텔은 철거되었다.

손탁호텔

미스터션샤인 글로리 빈관

CHAPTER 05

관광교통업

관광전용열차 종합편(0:49~4:11)

1. 여러분 관광열차를 타 본 적이 있나요? 있다면 어떤 점이 좋았어요?
2. 동영상을 보면서 마음에 드는 여행상품이 있었나요? 무엇이 좋았는지 이야기해 보세요.

생각하기

1. 여행을 할 때 가장 많이 이용한 교통수단은 무엇인가요? 그 이유를 말해보세요
2. 비행기를 타고 여행을 했을 때 뭐가 좋았나요?

■ 아래 어휘와 표현을 알아봅시다.

이동수단 사람이 이동하는 데 이용되는 모든 물건	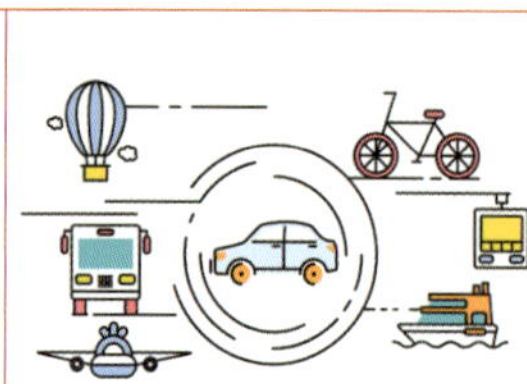	**통제수단** 어떤 목적에 의해 행동을 제한하는 방법	
관광수요 다른 지방이나 나라를 구경하고 즐기려는 욕구		**무형재** 구체적인 형태가 없는 재산	
친목단체 취미, 정치, 종교 등 비슷한 관심사를 가진 사람들과의 모임		**독점성** 어떤 개인 또는 단체만이 갖고 있는 권리	
자본의 유휴성 (有休性) 특정 시기에 자본이 활용되지 않는 성질	예) 관광교통업은 성수기를 빼면 자본의 유휴성이 높은 편이다.	**운임** 운송 뒤에 받는 돈	

01. (　) 안에 알맞은 어휘를 쓰세요.

이동수단　통제　관광수요　무형재　운임

1) 노래와 춤은 (　　　　　　)에 속한다.
2) 자전거는 친환경적인 (　　　　　　)이다.
3) 수출 증가로 해상 (　　　　　　)비용이 증가하고 있다.
4) 전염병을 (　　　　　　)하기 위해 사회적 거리두기를 하고 있다.
5) 정부는 (　　　　　　)를 늘리기 위해 여행지원금을 주고 있다.

■ 아래 어휘와 표현을 알아봅시다.

운행 편수 비행기나 배, 기차 등이 하루 동안 운행하는 횟수		**안락함** 몸과 마음이 편안하고 즐거움	
운송사업 사람 또는 물건을 실어 보내는 사업	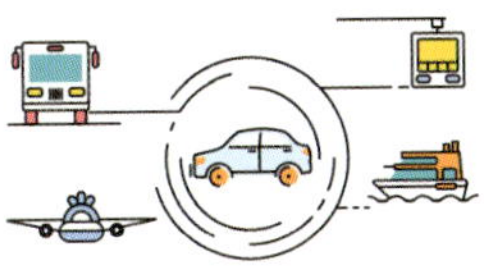	**관광자원** 관광객의 관광욕구를 일으키게 하는 관광대상을 말함 예) 자연, 문화재 등	
수요의 편재성 수요가 한곳에 치우쳐 있는 성질	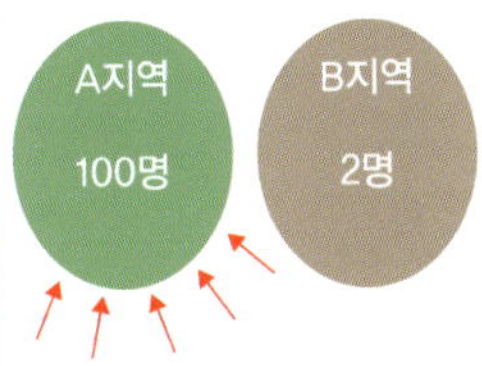	**기상상태** 바람, 구름, 비, 눈, 더위, 추위 등의 상태	
신속성 매우 빠른 성질		**홍보** 기업의 활동과 계획 등을 널리 알림	

02. (　) 안에 알맞은 어휘를 쓰세요.

운행편수	운송사업	기상상태	홍보

1) 아버지가 화물자동차 (　　　　　　　　)을 시작했다.
2) (　　　　　　　　)가 좋지 않아서 배가 뜨지 못한다.
3) 철도 노조파업으로 (　　　　　　　　)가 85%로 줄었다.
4) 한국관광공사는 한국관광 매력을 (　　　　　　　　)하고 있다.

03. 다음 설명으로 알맞지 않은 것을 고르세요.

① 기업과 회사는 한국의 훌륭한 관광자원이다.
② 배달 음식은 신속성이 생명이다.
③ 이곳은 고향 집에 온 것 같은 안락함이 있다.
④ 관광지는 교통과 기후조건에 영향을 받아 수요의 편재성을 띠고 있다.

Chapter 05

관광교통업

제1절 관광교통의 개요

1. 관광교통의 정의

오늘날 관광사업의 발전은 교통의 발달로부터 시작되었다고 해도 과언 아니다. 교통의 발달은 지역과 지역 간의 활발한 교류를 촉진하며 물자와 인구 이동의 주요한 요인이 된다. 이처럼 관광교통은 관광사업에서 빼놓고 이야기를 할 수 없다.

비행기 배 버스 기차

그렇다면 관광교통은 무엇일까? 관광교통은 관광객을 출발지에서 목적지로 이어주는 관광시스템(관광주체, 객체, 매체)의 일부라 할 수 있는데, 이러한 관광교통을 학자들은 다음과 같이 정의하였다.

바다를 보며 여행하는 '관광열차'

관광열차는 관광객과 관광목적지를 공간적 · 시간적으로 연결하는 이동수단이자 관광대상이다. 예를 들어 열차 안에서의 차를 마실 수 있는 환경 또는 지붕이 열리는 열차 등은 관광객의 관광욕구를 만족시켜 주는 대상이 되기도 한다. 그리고 관광정책 및 관광산업발전에 영향을 미치는 관광시스템의 일부라 할 수 있다. 이를 종합하여 정리하면 관광교통은 '관광객이 일상생활을 떠나 자동차, 기차, 비행기 등과 같은 교통을 이용하여 관광자원을 찾아가는 움직이는 이동수단이며 관광시스템을 구성하는 요소'라고 할 수 있다.

2. 관광교통의 역할 및 특성

만약에 훌륭한 관광자원과 잘 개발된 관광지가 있는데 이를 연결하는 교통수단이 없다면 어떻게 될까? 관광자원과 관광지는 제대로 가치를 인정받지 못할 것이다. 다시 말해 어느 특정 지역의 새로운 교통체계 도입은 관광지의 발전과 쇠퇴에 결정적 영향을 미친다는 것을 의미한다. 이처럼 관광 발전의 주요한 요소인 관광교통은 이동 목적 이외에 다양한 역할과 특성이 있는데 그 내용을 살펴보면 다음과 같다.

1) 관광교통의 역할
(안대희 외, 2013:415)

(1) 관광지를 연결함
(2) 관광자원임
(3) 편리성을 향상시킴
(4) 관광수요의 통제수단임
(5) 지역사회의 생활기반임

서울시 투어버스

2) 관광교통업의 특성(정환 외, 2016:49~50)

(1) 무형재(invisible goods): 교통 서비스는 생산과 소비가 동시에 이루어지기 때문에 생산된 교통서비스는 저장이 불가능하다.

(2) 수요의 편재성: 출퇴근에 필요한 교통수단은 '생산적 교통수요'라 하는데 성수기와 비수기 없이 안정되어 있다. 그러나 관광여행이나 쇼핑과 같은 '소비적 교통수요'는 어느 한 시기에 수요가 집중되는 수요의 편재성이 나타난다. 특히 휴가기간, 주말과 같은 특정 시간에 수요가 집중된다. 또한 관광교통은 자연재해 또는 사회적·경제적 조건의 변화에 영향을 크게 받아 수요가 집중된다.

(3) 독점성: 관광객과 관광자원의 연결기능을 수행하고 있는 교통수단은 이동을 전제로 하기 때문에 독점성을 띠고 있다. 다시 말해 운임이 크게 인상되어도 대체 교통수단이 없으면 다른 교통수단을 이용할 수가 없다.

(4) 자본의 유휴성: 교통수요는 시간적 · 지역적 편재가 있다. 성수기를 제외하면 버스, 비행기, 기차, 자동차 등이 남아돌아 자본의 유휴성이 높다.

지역사회 교통수단

관광버스 성수기

01. 다음 설명으로 알맞지 않은 것을 고르세요.

① 교통과 관광은 밀접한 관계이다.
② 지역 교통수단은 관광교통이 될 수 없다.
③ 관광교통은 수요가 집중되는 기간이 있다.
④ 대체 교통수단이 없으면 교통비가 올라도 그 교통수단을 이용해야 한다.

02. 여러분은 다음 장소로 여행을 갔습니다. 무엇을 타고 여행을 갔고 어떤 점이 편리했나요? 팀원들과 같이 이야기해 보세요.

• 경복궁 • 경주 불국사 • 부산 해운대	가: 경복궁에 가 본 적이 있어요? 어떻게 갔어요? 나: 네. 지하철을 타고 갔는데 지하철 비용이 생각보다 저렴해서 좋았어요.

3. 관광교통업의 구성요소

교통의 구성요소는 크게 교통주체, 교통수단, 교통시설로 구분되며, 관광교통의 구성요소는 서로 밀접한 관계를 형성하고 있다. 다음은 구성요소를 5가지로 세분화하여 살펴보기로 한다(안대희 외, 2013:416~417).

1) 관광교통의 주체

관광교통의 주체인 관광객은 관광교통의 주체이면서 관광 교통시장의 수요를 만드는 수요의 시작이다.

2) 관광교통수단

관광목적지까지 운송하는 기구로서 일반 교통수단인 자동차, 열차 선박, 항공기는 물론 렌터카, 관광버스, 관광열차 등이 대표적인 교통수단이다.

3) 관광교통시설

관광교통수단이 이용하는 도로, 철도, 해로, 항로 등의 교통로와 교통로의 터미널인 공항, 항만, 역, 관광주차장 등이 관광교통시설에 해당된다.

4) 운임

관광패키지 상품에 포함되는 운임과 시간, 장소, 계절에 따라 탄력적으로 적용되는 운임이 있다.

5) 관광서비스

관광교통업의 인적, 물적 서비스의 양과 질은 관광교통수단의 가치평가가 되기도 하며 관광상품에 영향을 미친다.

관광교통의 주체

항공 서비스

03. 다음 설명으로 알맞지 않은 것을 고르세요.

① 관광교통의 주체는 관광객이다.
② 관광교통 운임은 항상 동일하다.
③ 도로, 철도, 해로 등은 관광교통시설이다.
④ 관광교통업은 인적 · 물적 서비스에 따라 관광상품 가치가 달라진다.

04. 맞으며 O, 틀리면 X 하세요.

1) 공항, 항만, 역은 관광교통시설에 해당된다. ( )
2) 교통주체, 교통수단, 교통시설만이 교통의 구성요소에 해당된다. ( )
3) 운임은 시간, 장소, 계절과 상관없이 비슷한 가격으로 적용된다. ( )

제2절 관광교통업 유형

관광교통업은 일반교통수단과 특수교통수단으로 나누어진다. 일반교통수단은 여행자의 거주지로부터 관광목적지까지 일반고객과 관광객을 수송하는 교통수단을 말하며, 특수교통수단은 거주지에서 관광목적지까지 이동하는 관광객만을 실어 나르는 교통수단과 관광지 내에서 유람적 여객수송을 담당하는 교통수단을 말한다(정환 외, 2016:52).

〈표 5-1〉 관광교통수단 유형

분류		관광교통수단 분류별 예	
관광교통수단	일반교통수단	철도교통	열차, 고속전철, 지하철
		육상교통	자동차, 버스, 택시, 오토바이, 자전거
		해상교통	여객선, 화객선
		항공교통	항공기
	특수교통수단	철도교통	관광열차, 리조트열차, 모노레일
		육상교통	렌터카, 관광버스, 캠핑카
		해상교통	크루즈, 요트
		항공교통	케이블카, 스키 리프트, 로프웨이

관광교통 수단은 여러 유형 중에서 대표적인 교통수단을 선택하여 다음과 같이 살펴본다.

1. 철도교통(관광열차)

1) 철도와 관광열차의 개념

관광객을 관광지로 운송하는 주요한 교통수단인 철도는 관광뿐 아니라 대중교통수단으로 이용된다. 철도는 다른 교통수단에 비하여 매우 안전하고, 쾌적하며 정확성이 높은 교통수단이다.

관광열차란 목적지까지 빠르고 안전하게 승객을 실어 나르는 것을 기본으로 하되 열차 그 자체가 하나의 관광 상품이 된 것을 말한다. 다시 말해 관광열차는 유명한 장소를 돌면서 관광객을 관광목적지까지 운송하는 열차를 말한다. 관광목적을 위한 철도로는 등산철도, 유람철도, 산악철도 등이 있다.

2) 관광열차의 특성

(1) 운임이 비쌈: 관광열차는 모든 여행일정을 포함한 패키지 상품 기능을 하기 때문에 운임이 비싸다.

(2) 운행 편수 적음: 관광열차는 다른 열차에 비해서 승객이 적다. 그 이유는 관광열차

의 운임이 비싸기 때문에 단순 이동 승객은 관광열차를 선택하지 않기 때문이다. 그래서 다른 열차에 비해 운행편수가 적다.

(3) 관광열차 개념 부족: 관광열차에 대한 홍보가 잘 이루어지지 않고 있다. TV나 라디오와 같은 매체를 활용해서 홍보가 필요하다.

(4) 연계교통수단 미흡: 목적지역에 도착한 후 연계되는 교통수단이 부족하다.

05. 다음 설명으로 알맞지 않은 것을 고르세요.

① 관광열차의 운임은 비교적 싸다.
② 관광열차는 열차 그 자체가 하나의 관광 상품이다.
③ 관광열차는 홍보가 부족하여 많은 사람들이 잘 모르고 있다.
④ 관광열차는 목적지에 도착 후에 연계되는 교통수단이 부족하다.

2. 육상교통(전세버스)

철도는 많은 인원을 안전하게 수송하지만 이동할 수 있는 곳이 제한적이다. 이런 한계를 극복하기 위해 철도로 이동이 불가능한 곳은 관광용 전세버스가 적극적으로 활용되고 있다. 단체관광객을 운송하는 주요한 수단인 전세버스에 대해 살펴보면 다음과 같다(안대희 외, 2013:420, 정환 외, 2016:53~54).

1) 전세버스 운송사업 유형

(1) 전세버스 관광

단체(학교, 회사, 친목단체 등)에서 버스를 빌려 스포츠 행사, 박람회, 박물관, 관광지 등을 여행을 하는 것이다. 목적지가 한곳일 경우 숙박이 포함되기도 한다.

(2) 단체관광

단체 대표는 여행시간, 여행일정 및 관광목적지를 결정하고 전세버스회사로부터 운송서비스를 받는 것을 말한다.

(3) 개별패키지 관광

전세버스회사는 특별한 이벤트(계절상품, 유명 관광지를 목적지로 한 여행상품)를 기획하여 개별여행자들을 모아 여행하는 상품이다.

(4) 도시 패키지 관광

도시 내의 주요 관광지, 호텔, 음식점, 쇼핑센터 등을 여행할 수 있도록 운송서비스를 제공하는 것을 말한다.

(5) 연계교통관광

관광사업에서 최근 경향은 다른 교통수단을 연결해 주는 연계교통관광이 증가하고 있는 추세이다. 예를 들어 항공, 관광유람선, 여객선, 철도와 전세버스를 연결하는 여행운송 서비스를 제공하는 연계교통관광을 말한다(안대희 외, 2013:420).

전세버스

개별패키지 관광

3. 해상교통: 크루즈

해상교통은 해상에 선박을 이용하여 사람 또는 물건을 운송하고 그 대가를 받는 교통을 말한다. 최근 해상교통은 물건뿐 아니라 사람을 운송하는 역할이 증가하고 있다. 해상교통수단은 해상관광을 즐기고자 하는 관광객을 대상으로 관광 상품을 판매하고 있으며 관광객들에게 큰 인기를 얻고 있다. 특급호텔 수준의 시설과 고급 서비스 질을 갖춘 해상순항유람선(크루즈)은 주요항구도시 및 해안 관광자원을 운항한다(김창수, 2018).

06. 맞으며 O, 틀리면 X 하세요.

1) 해상교통은 물건만을 운송한다. ( )

2) 철도로 이동이 불가능한 지역은 전세버스로 이동한다. ( )

07. 관계있는 것끼리 연결해 보세요.

1) 전세버스 관광 •		• 버스를 빌려 목적지까지 여행
2) 개별패키지 관광 •		• 버스회사가 개별여행자를 모아 목적지로 이동하는 상품
3) 연계교통관광 •		• 도시의 주요 관광지를 여행하는 관광 상품
4) 도시패키지 관광 •		• 버스와 다른 교통수단을 연결하여 여행하는 상품

4. 항공교통(항공운송업)

관광의 세계화에 가장 기여도가 높은 교통수단은 항공교통이라 할 수 있다. 항공운송업은 항공기에 사람과 물건을 싣고 국내외로 운송하여 그 대가를 받는 사업이다. 항공운송업을 구성하는 주요요소는 크게 항공기와 공항이 있으며 의미를 살펴보면 다음과 같다.

1) 항공운송의 구성요소

(1) 항공기: 사람이나 물건을 싣고 공중을 날 수 있는 날개가 달린 모든 기기를 항공기라 한다.

(2) 공항: 비행기가 이륙과 착륙을 할 수 있도록 마련된 장소를 비행장이라고 하고 비행장이 주로 항공운송을 위하여 공공용으로 사용될 경우에 이를 공항이라 한다.

공항

이륙하는 항공기

5) 관광교통수단 종류별 장 · 단점

〈표 5-2〉 관광교통수단의 장 · 단점

구분	장점	단점
철도교통	단체관광의 이동 편리성 개인당 저렴한 요금 개인의 자유로운 관광활동 보장	대형사고의 위험성 안락함과 쾌적함 부족
육상교통	중 · 장거리 여행에 적합함 많은 수의 관광객 운송 가능 안전성 보장 상대적 저렴한 요금	장시간 운행 한정된 철도노선 음식서비스의 질 저하 열차 내 소음
해상교통	안락하고 낭만적 여행 많은 수의 관광객 운송 가능	많은 여행 소요시간 기상상태에 따른 안전성 비싼 요금
항공교통	신속성, 안전성, 경제성, 쾌적함 유지 많은 수의 관광객 운송 가능	고가의 여행 요금 접근 가능한 지역 한정 공항을 오가는 많은 시간 필요

[출처] 안대희 외(2013: 421~422) 관광사업론

08. 맞으면 O, 다르면 X 하세요.

1) 전세버스는 대형사고의 위험성이 크다. (　　　)

2) 해상 교통수단은 여행 소요시간이 비교적 짧다. (　　　)

09. 여러분은 여행을 할 때 어떤 교통수단을 선택하나요? 그 이유를 친구들과 이야기해 보세요.

• 제주도 • 부산 해운대 • 유럽	가: 프항 씨는 부산에 갈 때 주로 어떤 교통수단을 이용해요? 나: 네. 저는 주로 기차를 이용해서 가요. 비용도 저렴하게 들뿐만 아니라 안전하게 갈 수 있어서 좋아요.

01. 다음의 내용을 읽고 맞으면 0, 다르면 X 하세요.

대전시 '공공형 택시' 시범 운영

공공형 택시는 버스 이용이 불편하거나 집과 정류장의 거리가 멀어 대중교통이 이용이 불편한 지역을 대상으로 운행하는 교통수단이며 이용자가 부담한 금액을 제외한 나머지 금액은 정부에서 지원한다.

- 이용시간: 아침 7시~저녁 10시
- 고객 이용부담금: 1,250원
- 이용횟수: 1 사람당 월 8회 이내
- 이용방법: 콜센터로 전화 예약

1) 공공형 택시의 요금은 국가에서 전액 부담한다. (　　　)
2) 지역주민들의 불편함을 해소하기 위해 대전시는 공공형 택시를 운영하고 있다. (　　　)

02. 다음을 읽고 질문에 답하세요.

부산 관광시설 이용권을 한 장에

부산패스포트: 3종 콘텐츠 포함
- 부산시티투어버스 이용권
- 태종대유원지 다누비 열차권
- 낙동강 생태탐방선

–대상: 부산을 여행하고 싶은 모든 사람
–기간: 2022년 12월 31일까지
–구매방법: 부산투어 홈페이지
–비용: 1만 3000원

1) 부산패스포트란 무엇인가요?
2) 어떤 사람들이 부산패스포트를 이용할 수 있나요?
3) 구매는 어떻게 해야 하나요?

03. 다음은 부산패스포트에 대한 기사이다. 글을 읽고 물음에 답하세요.

부산관광시설 이용권을 한 장에

부산관광공사와 부산투어는 지역여행 활성화를 위해 부산의 관광지 이용권을 한 장에 담아 '부산패스포트'를 판매하기로 했다. 부산패스포트는 부산시티투어버스 이용권과 태종대유원지의 다누비열차 이용권, 낙동강 생태탐방선 탑승권을 결합한 상품이다. 부산패스포트는 개별입장권 구매보다 최대 43% 저렴한 가격인 1만 3천 원에 구매할 수 있으며, 구매는 11월 14일부터 올해 말까지 4,000부만 판매하며, 기간 내 구매하는 고객들은 내년 1월 말까지 이용할 수 있다.

한편 부산관광공사는 "부산의 대표 관광지를 내년에는 추가 확대해 부산만의 경쟁력 있는 관광 상품으로 만들겠다"고 밝혔다.

1) 윗글에서 나오지 않은 것을 고르세요.

① 관광상품 내용 ② 관광상품 선물 증정 ③ 앞으로의 계획

2) 윗글의 내용과 다른 것을 고르세요.

① 구매는 올해 말까지 가능하다.
② 부산패스포트는 지역 활성화를 위해 만들어졌다.
③ 올해를 마지막으로 더 이상 '부산패스포트'를 판매하지 않는다.
④ 부산패스포트는 부산관광공사와 부산투어가 함께 만든 관광상품이다.

3) 여러분은 여러분 고향의 관광공사 직원입니다. 교통수단을 결합한 관광 상품을 만들고 신문기사를 써서 홍보해 보세요.

나의 고향	• 베이징, 호치민, 타슈켄트, 카이로, 도쿄 등 •
관광상품	• 만리장성입장권 + 베이징시티투어버스 + 베이징 골목 사합원(四合院) 관광 •
요금	•
사용기간	•

(　　　　　)관광시설 이용권을 한 장에

(　　)관광공사는 ______________________________

____

____

____

____

교통체증 피할 수 없으면 즐겨라
-뉴욕-

뉴욕은 교통체증으로 유명한 곳이다. 대중교통도 예외는 아니다. 뉴욕버스의 평균 주행속도는 시속 11.9Km로 걷는 것과 다를 바가 없는 곳이다. 이런 교통체증을 관광상품화 한 도심 관광공연버스 '더라이드(The Ride)'를 소개하고자 한다.

더라이드는 뉴욕의 역발상 관광전략의 대표적인 사례이다. 더라이드와 유사한 개념으로 한국에는 시티투어버스가 있는데, 시티투어버스가 단순교통수단이라면 더라이드는 단순교통수단을 넘어 공연 문화를 접목한 움직이는 공연장이라 할 수 있다. 더라이드는 극장식으로 개조된 화려한 버스로서 맨해튼의 주요 관광지를 둘러보고 편안하게 앉아서 관광할 수 있으며 유명한 건축물과 뉴욕의 정보를 얻을 수 있다.

교통체증

바닥부터 천장까지 통유리로 되어 있으며 경기장처럼 길게 3열로 고정시킨 좌석은 마치 극장과도 같다. 조명과 음향장치가 설치된 버스에서 댄스와 재즈 공연을 감상할 수 있고, 버스 밖에서는 공연자와 함께 하나가 되어 즐길 수 있다. 더라이드는 낮과 저녁, 75분 동안 정해진 시간에 운행되고 좌석이 한정되어 있다 보니 미리 예약하는 것이 필수이다.

교통체증을 느림의 미학으로 바꾼 더라이드는 맨해튼 미드타운 풍경을 마음껏 경험할 수 있는 관광자원으로 재탄생되었다.

CHAPTER 06

크루즈산업

크루즈선 소개(0:33~4:20)

1. 크루즈에서 가장 이용해 보고 싶은 시설은 뭔가요?
2. 크루즈 여행의 가장 큰 장점은 뭐라고 생각하나요?

생각하기

1. 크루즈와 일반 여객선과의 가장 큰 차이는 무엇인가요?
2. 크루즈로 여행하고 싶은 장소는 어디예요?

■ 어휘와 표현을 알아봅시다.

항해 선박을 이용하여 목적지까지 이동하는 것		**기항지** 항해하면서 머무르게 되는 항구	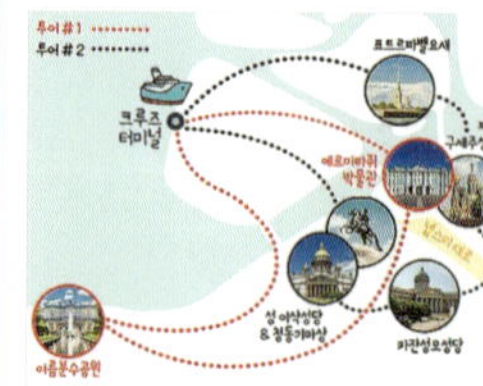
연안 육지에서 가까운 바다		**선상** 1. 배 윗부분 2. 항해 중인 배를 타고 있음	
크루즈 선사 크루즈에 관광객을 태우고 여행지를 순회하는 여행 사업을 하는 회사	CARNIVAL CORPORATION&PLC, Carnival, PRINCESS CRUISES, P&O CRUISES, AIDA, P&O, Costa, CUNARD, ibero cruceros, Holland America Line, THE YACHTS OF SEABOURN	**건조** 배 등을 만듦	
운항 배나 비행기가 목적지에 오고 가는 것		**출항** 배가 항구를 떠남	

01. 알맞은 단어를 골라 쓰세요.

연안	운항	선상	출항	기항지

1) 준비를 마친 배들은 (   )을 기다리고 있다.
2) 크루즈를 다섯 시간 (   )해서 육지에 도착했다.
3) 매일 밤 승객들은 다양한 이벤트를 즐기기 위해 (   )으로 나온다.
4) 제주도 (   )의 아름다운 자연을 관광하기 위해 배를 타고 나갔다.
5) 아시아 크루즈 노선에서 제주도가 잠시 들리는 (   )로 선택되었다.

■ 어휘와 표현을 알아봅시다.

인바운드 크루즈 시장 외국인의 국내크루즈 여행	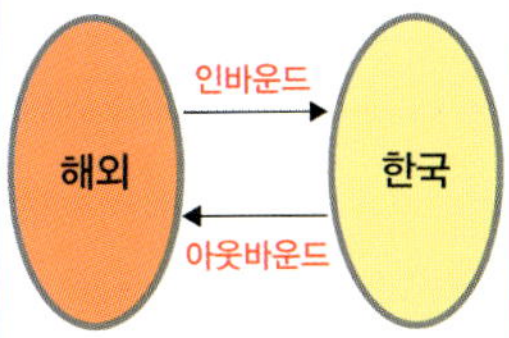	**사양산업** 쇠퇴해 가는 산업	
활성화 전략 활발하게 하는 계획, 방법 예) 지역 경기 활성화 전략으로 상품권을 발행하고 있다.		**플라이 크루즈 패키지 (Fly cruise package)** 항공-숙박-승선-숙박-항공 등을 포함하는 크루즈 패키지 프로그램	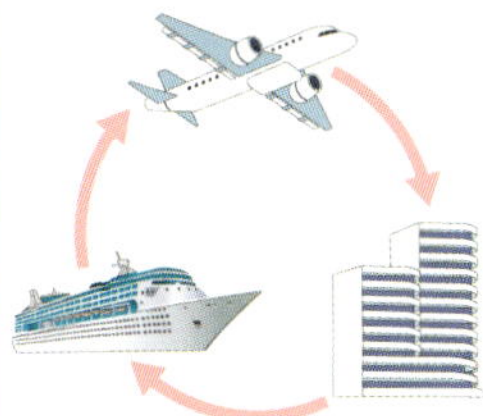

02. 알맞은 단어를 골라 쓰세요.

지중해	알래스카	남지나해	카리브해	버뮤다 지역

1) 북대서양 서쪽에 있는 작은 섬으로 이루어진 바다이다. (　　　　　)
2) 미국과 쿠바의 남쪽에서 남미의 북쪽에 위치한 바다이다. (　　　　　)
3) 미국의 50개 주 중 하나로 북아메리카 북서쪽 끝에 있다. (　　　　　)
4) 유럽, 아시아, 아프리카 세 개의 대륙에 둘러싸여 있는 바다이다. (　　　　　)
5) 중국 남쪽에 있는 바다로 타이완, 필리핀, 인도차이나반도에 둘러싸여 있다. (　　　　　)

Chapter 06

크루즈산업

제1절 크루즈 산업 개요

1. 크루즈 정의

크루즈(Cruise)는 '건너다', '횡단하다'의 의미로 네덜란드어 'kruisen(쿠르이젠)'에서 시작되었다. 현재는 운송의 개념과 호텔의 개념을 더한 장거리 배 여행의 의미로 확장되면서 '바다 위 호텔'로 불린다. 이미 유럽인들에게 '여행의 꽃'으로 여겨지는 크루즈는 숙박, 음식 등 관광객을 위한 시설을 갖추고 수준 높은 관광 상품을 제공한다. 또한 크루즈는 여객선과 유람선의 비슷한 개념으로 사용되기도 하는데 그 차이를 살펴보면 다음과 같다.

〈표 6-1〉 관광사업과 관광산업의 개념

용어	개념
여객선	여객이란 돈을 내고 교통서비스를 이용하는 사람을 말하며 여객선은 13인 이상의 여객이 탑승한 배를 말함
유람선	관광의 목적으로 사람을 태우고 이동하는 배로서 여객선의 한 종류
크루즈	• 관광을 목적으로 하는 대형 유람선 여행 • 대형 유람선 또는 호화 여객선을 크루즈라고도 함

[출처] 크루즈, 유람선 여객선, 나무위키

2. 크루즈선의 유형별 특성

크루즈선은 특성에 따라 버짓(Budget), 컨템퍼러리(Contemporary), 프리미엄(Premium), 니쉬(Niche), 럭셔리(Luxury) 크루즈선으로 분류되는데 이는 다시 크루즈선의 등급이 되기도 한다. 그 이유는 크루즈를 건조하기 전에 추구할 방향과 건조를 완료한 후에 운영할 방향, 그리고 승객이 크루즈를 선택할 때 기반이 되는 중요한 정보가 '특성별 분류'에 있기 때문이다. 크루즈선을 분류하기 위한 공통된 분류 기준은 '여정 기간', '선박타입(소형/중형/대형, 신형/구형)', '운항지역', '승객 1인당 하루 평균 금액' 등이며 선사와 선박에 따라 달라질 수 있다.

여행비용에 따라서 버짓(Budget) 〈컨템퍼러리(Contemporary) 〈프리미엄(Premium) 〈니쉬(Niche) 〈럭셔리(Luxury) 크루즈선 순으로 높아진다.

1) 버짓 크루즈(Budget Style)

버짓은 용어에서 알 수 있듯 저렴한 비용과 소규모의 오래된 크루즈선을 의미하며 그 대표적인 선사는 버짓 오브 디스커버리(Voyages of Discovery)등이 있다. 오래된 대형 선사들도 버짓 크루즈를 운영하기도 하는데 그 예로 노르웨이 스카이(Norwegian Sky), 카니발 이미지네이션(Carnival Imagination)등이 있다. 여정 기간은 다양하며 카리브해, 지중해, 발트해 항로를 중심으로 운항하고 있다. 2022년 승객 1인당 1일 기준평균 비용은 100~200달러 정도이다.

2) 컨템퍼러리 크루즈(Contemporary Style)

가장 대중화된 정통 크루즈 스타일로 대형, 신형 또는 개조된 크루즈선이 여기에 해당한다. 여정기간은 3~7일 정도이며, 크루즈 여행 초보자가 선택하기에 가장 좋은 타입으로 다양한 연령층이 즐길 수 있다. 합리적인 가격과 다양한 편의시설을 갖추고 있고 평균 비용은 2022년 승객 1인당 1일 기준으로 250~350달러 정도이며 카리브해와 지중해를 중심으로 운항하고 있다. 대표적인 크루즈로는 로열캐리비안 크루즈(Royal Caribbean Cruise), 코스타 크루즈(Costa Cruise), 노르웨이지안 크루즈(Norwegian Cruise) 등이 있다.

예) 로얄캐리비안 크루즈

세계 최대 규모의 크루즈선 3위의 선박을 모두 보유하였으며 전 세계에서 가장 유명한 선사이다. 바다 위에 떠다니는 대형 테마파크로 만들어져서 FUN 크루즈라고 불리기도 한다.

로얄캐리비안 크루즈 테마파크

로얄캐리비안 크루즈

3) 프리미엄 크루즈(Premium Style)

컨템퍼러리 등급 다음으로 수요가 많으며 컨템퍼러리 등급보다 업그레이드된 시설과 서비스를 제공한다. 오락시설은 다양하지 않지만 여유로운 공간과 고급스러운 인테리어로 편안함을 준다. 여정기간은 7~14일 정도이며, 중형~대형의 크루즈선이 여기에 해당된다. 운항지역은 카리브해, 지중해, 알래스카 중심이다. 2022년 승객 1인당 1일 기준 비용은 300~400달러 정도이다. 대표적인 선사로는 홀랜드 아메리카 라인 크루즈(Holland America Line), 셀러브리티 크루즈(Celebrity Cruise) 등이 있다. 예) 홀랜드 아메리카 라인 크루즈

약 150여 년의 역사를 가진 정통 클래식 크루즈 선사로 최신식 시설과 다양한 어린이 프로그램이 마련되어 있다.

홀랜드 아메리카라인 크루즈

50~90년대의 히트곡 감상

4) 니쉬 크루즈(Niche Style)

니쉬는 '틈새'라는 뜻으로 틈새시장을 공략한 크루즈선이다. 승객에게 특별한 경험을 제공하기 위해 독특한 문화나 자연환경을 가진 기항지를 방문한다. 미주와 유럽과 같은 일반적인 지역보다는 주로 남극, 그린란드, 아시아를 포함한 전 세계지역을 항해하고 있다. 크루즈선의 규모는 대부분 소형이며, 여정 기간은 보통 7일 이상이다. 2022년 승객 1인당 1일 기준여행비용은 500~900달러 정도이다.

5) 럭셔리 크루즈(Luxury Style)

럭셔리 크루즈 선사는 선사의 서비스에 따라 럭셔리와 울트라 럭셔리로 나뉜다. 소형 또는 중형 규모의 크루즈선으로 소수의 승객들에게 최고급 품질의 서비스를 제공한다. 전 세계를 7일 이상 운항하며, 2022년 승객 1인당 1일 기준 비용은 800~2000달러 정도이다. 대표적인 크루즈로는 폴 고갱 크루즈(Paul Gauguin Cruises), 시번 크루즈 라인(Sebourn Cruises Line) 등이 있다.

3. 크루즈 여행 순서

바다 여행을 즐길 수 있는 크루즈 여행은 다음과 같은 순서로 이루어진다.

〈표 6-2〉 크루즈 여행 순서

	크루즈 여행 순서
출국 수속 및 승선	• 출항 2시간 전에 도착하여 세관, 출입국, 검역 등 출국절차를 마친다. • 짐은 객실담당 승무원이 선실까지 운반해 주거나 손님이 직접 운반한다. • 객실이 수백 개 이상이 있기 때문에 승선 전 반드시 본인의 객실을 체크한다.
승선 후 생활	• 승선 후 인솔자는 손님 객실과 짐을 확인하고 안내사항을 전달한다. • 인솔자는 손님들에게 선상에서 매일 열리는 특별행사나 이벤트를 설명한다. • 인솔자는 이용시설(도서관, 미용실, 헬스클럽, 당구장, 사우나, 면세점 등) 정보를 제공한다. • 인솔자는 저녁식사에 드레스 코드가 있을 경우 사전에 복장 관련 내용을 안내한다. 크루즈 레스토랑의 드레스 코드는 일반적으로 다음 3가지이다. 포멀: 정장 또는 원피스와 같이 격식을 차린 옷 스마트 캐주얼: 조금 신경 쓴 평상복으로 회사 출근복 정도 캐주얼: 평소에 입는 일상복 정도

	포멀	스마트 캐주얼	캐주얼

상륙 관광 (기항지)	• 기항지에서 출발하기 전에 여행사를 통해 미리 신청이 가능하며 추가신청 또는 일부 취소도 가능하다. • 기항지 관광은 언어권별로 이루어지나 보통 영어나 프랑스어, 독일어, 스페인어, 일어 중심으로 준비되기 때문에 인솔자가 손님들에게 통역해 주는 경우가 많다.		

01. 다음 내용에 해당하는 어휘를 쓰세요.

여객선	유람선	크루즈

1) 돈을 내고 이동할 목적으로 배를 이용한다. (　　　　　)
2) 한강에서 관광을 목적으로 2~3시간 배를 타고 관광한다. (　　　　　)
3) 대형유람선에서 숙박, 음식, 관광 상품을 제공받으며 여러 곳을 관광한다. (　　　　　)

02. 관계있는 것을 연결하세요.

1) 주로 남극과 그린란드를 방문한다. •		• 니쉬 크루즈
2) 가장 저렴한 크루즈선이다. •		• 럭셔리 크루즈
3) 가장 대중화된 크루즈선이다 •		• 컨템퍼러리 크루즈
4) 최고급 품질의 서비스를 제공한다. •		• 프리미엄 크루즈
5) 컨템퍼러리 등급 다음으로 수요가 많다. •		• 버짓 크루즈

제2절 크루즈 여행산업

1. 크루즈 여행산업의 발전 과정

제1차 세계대전 이후 전투용으로 이용되었던 군함들이 유람여객선, 화물선으로 이용되면서 점차 대형 호화유람선 시대가 열리게 되었다. 여행산업의 시대별 발전과정은 다음과 같다.

〈표 6-3〉 크루즈 여행산업의 발전과정

연대	발전과정	
1960	• 1960년대 등장한 제트 여객기, 점보제트기의 출현으로 유람선 사업이 사양사업으로 됨 • 1~4만 톤의 선박이 크루즈선으로 사용되기 시작함 • 주요 목적지는 카리브해, 지중해, 남지나해임 • 고비용과 노년층만이 이용하는 관광이라는 잘못된 인식으로 발전하지 못함	 세계최소 제트 여객기 영국: 코멧(Comet) 여객기
1970	• 1970년 이후부터 세계적으로 해상관광이 다시 유행하기 시작하여 3~4만 톤의 대형선박이 건조되기 시작함 • 항공산업의 발전으로 카리브해가 주요 크루즈 목적지로 나타남 • 7~14일 또는 3~4곳의 목적지를 연계한 크루즈 관광상품이 개발됨	
1980	• 70년대 중반 이후부터 경제 불황으로 크루즈 수요 감소 • TV '러브보트' 프로그램 영향으로 크루즈 인기 상승 • 크루즈선 건조기술이 급속하게 발전함 • 크루즈상품의 적극적인 마케팅 활동과 플라이 크루즈 패키지(fly cruise package)개발로 크루즈산업의 전성기를 맞이함 • 알래스카, 버뮤다, 유럽 등이 주요 목적지로 추가됨 • 3~4일의 단기 크루즈상품이 등장함	 TV '러브보트' 프로그램
1990	• 주요 휴가활동의 하나로 크루즈관광이 정착함 • 연안 관광 등을 통해 대다수가 크루즈관광을 간접 경험함 • 고소득층에서 중소득층까지 확대됨	

연대	발전과정
2000	• 카니발 코퍼레이션(Carnival Corporation) 선사가 코스타 크루즈(Costa Cruise) 선사를 100% 소유함 • 카니발 코퍼레이션(Carnival Corporation) 선사와 P&O 프린세스 크루즈(Princess Cruises) 선사의 합병으로 세계 최대 크루즈선사가 됨 총 60척의 크루즈선과 13개 브랜드를 확보함

[출처] 하명신 외(2007:132), 한국항만경제학회지

03. (   ) 안에 알맞은 어휘를 골라 쓰세요.

제트 여객기   해상관광

크루즈관광은 20세기 중반까지 성행하였으나 (   )의 출현으로 유람선사업이 사양사업으로 생각되었지만 1970년대 이후 (   )이 다시 유행하기 시작하면서 크루즈관광이 다시 성행했다.

2. 크루즈 산업의 전망

1) 소비자 성향의 변화

크루즈관광 수요의 구조에도 많은 변화가 있었다. 과거의 수요층은 장년층과 고소득층 중심이었으나 현재는 젊은층과 구매력이 낮은 소득층을 포함한 다양한 계층으로 확대되었다. 그렇기 때문에 앞으로는 색다른 활동을 제공하는 크루즈상품에 대한 수요도 증가할 것으로 전망된다.

〈표 6-4〉 색다른 활동의 크루즈상품

분류	내용
탐험 · 모험 시장	남극이나 북극으로 모험관광을 즐김, 학습경험을 강조
틈새시장	강, 연안, 대서양횡단, 세계일주 등의 특별한 경험을 제공하는 크루즈 상품

[출처] 하인수(2001:28~29)

2) 선박의 대형화

크루즈선의 여객수용 능력은 100명~4,000여 명에 이르며 크루즈 신규선의 경우 대부분이 5만 톤급 이상의 규모이다. 선박의 대형화는 승객에게는 더 많은 오락시설, 레크리에이션, 스포츠 시설을 이용할 수 있게 하며, 선사에게는 더 많은 이익을 가져올 기회를 주었다.

세계의 크루즈시장은 '3대 선사'에 의해 주도되고 있다. 지난 수년간 크루즈 산업은 기업의 인수합병을 거쳐 3대 크루즈 선사로 나누어졌다. 카니발(The Carnival Corporation), 로얄 캐리비안(Royal Caribbean), 스타크루즈 (Star Cruises)가 Big 3로 구성되며, 85% 이상의 시장을 점유하고 있다.

〈표 6-5〉 세계 크루즈시장의 3대선사

카니발 코퍼레이션(카니발크루즈, 코스타크루즈)	로얄 캐리비안(로열 캐리비안 인터내셔널 크루즈, 셀러브리티크루즈)	스타크루즈(드림크루즈, 크리스탈크루즈)
세계 최대의 크루즈 그룹으로 100여 척의 크루즈 선박을 운영한다.	세계에서 2번째로 큰 유람선 운영 업체이다.	스타크루즈라는 브랜드로 알려져 있으나 2009년 기업명을 겐팅홍콩으로 변경했다. 대형 업체 중에서는 유일한 아시아 업체이다.

3) 항공사를 연계한 중저가 패키지 상품증가

스타크루즈선사가 운항하는 크루즈선은 항공과 크루즈를 연계한 패키지 상품으로 주목받고 있다. 이 상품은 항공료와 크루즈선 운임, 숙박 및 식음료, 기본부대시설 이용료가 포함되어 있다. 30대 연령층의 소득수준이 향상되고 삶의 질에 대한 요구가 증대하면서 3~4일간 휴가를 활용할 수 있는 단기간 패키지 상품이 개발되고 있다. 관광 기간은 아시아지역이 3박 4일이며 미주(America)는 5~7일간이다.

04. 다음 설명으로 알맞지 않은 것을 고르세요.

① 크루즈 소비 성향은 젊은층에서 고소득의 장년층으로 변화하고 있다.
② 크루즈 신규선의 대부분이 5만 톤급 이상의 규모로 선박이 대형화되어 가고 있다.
③ 일반적인 크루즈 상품에서 모험관광 같은 색다른 활동을 즐기는 상품이 증가하고 있다.
④ 크루즈상품에 항공료와 크루즈선 운임, 숙박 이용료 등이 포함되어 있는 상품이 늘고 있다.

3. 한국의 크루즈 시장전략

크루즈산업의 성장을 위해서는 '전략적 마케팅 개발'과 '정부와 여행사들의 협력' 및 '다양한 여행상품 개발'이 이루어져야 한다. 크루즈 전략을 계획할 때 기본적으로 생각해야 할 사항은 다음과 같다(하동현 외, 2011:240-242).

1) 상품 및 서비스전략

한 계절에 치중하는 상품이 아니라 봄, 여름, 가을은 국내 연안운항을 하고 겨울에는 해상관광호텔로 사용하는 것과 같은 4계절 상품화가 필요하다. 그리고 여성, 청소년, 독신자 등과 같은 고객의 다양화도 필요하며, 특히 인바운드(Inbound) 여행을 할 때 언어 장벽문제를 해결하기 위한 노력도 요구된다.

2) 가격전략

보통 크루즈여행은 가격에 모든 경비가 포함되어 있으며 기항지 관광, 해양 레크리에이션 관광은 선택관광으로 되어 있다. 현재 한국은 크루즈여행 도입 단계이기 때문에 장기간 또는 고가의 상품보다는 단기간(3~4일) 또는 저렴한 가격으로 제공하는 것이 필요하다. 특히 인바운드 시장의 확대를 위해서는 중 · 저가 전략을 생각해야 한다. 그리고 항공과 크루즈 모두를 이용할 여행객을 위해 항공사와 협력하여 항공요금을 낮추는 방법도 있다.

3) 유통경로전략

크루즈 상품은 여행사를 통해 주로 판매가 되기 때문에 여행사와의 협력이 중요하다. 그러므로 여행사는 마케팅과 상품지식에 필요한 교육을 받는 것이 필요하다. 최근은 여행사를 통하지 않고 인터넷을 통해 소비자와 직접 만날 수 있는 방법도 생겨나고 있다.

4) 활성화전략

효과적인 크루즈 활성화를 위해서는 인구가 많은 지역에 마케팅을 하는 것이 필요하다. 한국에서 가까운 극동아시아, 동남아시아를 목표로 하는 인바운드 시장은 크루즈 활성화의 중요 내용이 될 것이다. 이를 위해서는 크루즈 선사와 공공기관의 협력이 필요하다.

05. 다음의 내용은 무슨 전략인지 쓰세요.

1) 크루즈 선사와 공공기관과의 협력이 필요하다. (　　　　)

2) 여행사의 상품지식에 대한 훈련과 교육을 시키는 것이 필요하다. (　　　　)

3) 단기간(3~4일)의 상품을 저렴한 가격으로 제공하는 것이 필요하다. (　　　　)

4) 봄, 여름, 가을은 국내 연안운항을 하고 겨울은 선상호텔로 이용한다. (　　　　)

01. 다음은 크루즈여행 회사의 광고입니다. 내용을 읽고 질문에 답하세요.

해피크루즈 여행사

6/13 출발 지중해 크루즈 10일

<스페인, 프랑스, 이탈리아>

- 날짜　　6월 13일 출발 ~ 6월 22일 도착
- 기항지　　바르셀로나(스페인)–툴롱(프랑스)–로마(이탈리아)–나폴리(이탈리아)–해상–산토리니(그리스)–쿠사다시, 터키–미코노스(그리스)–해상–베니스(이탈리아)
  ※ 기항지 선택관광 비용 포함(선내 유료 음료 및 주류는 불포함)
- 프로그램
  – 다양한 이벤트 및 선상활동
  수영장, 농구장, 피트니스센터, 스파, 갑판 위 새벽 조깅 등 다양한 선상활동
  웰컴쇼, 퍼레이드, 댄스파티 등 다양한 이벤트 진행
  – 움직이는 특급호텔
  극장, 카지노, 나이트클럽, 다양한 종류의 카페, 스파, 헬스클럽, 면세점, 골프, 도서관, 어린이들을 위한 놀이공간, 다양한 종류의 바(bar) 등이 제공
  – 풍부한 먹거리
  횟수와 상관없이 즐기는 뷔페, 풀코스 요리의 정찬 식당, 스낵바, 하루 6끼를 먹어도 맛있는 맛의 향연

위의 내용과 같으면 O, 다르면 X 하세요.

1) 6월 13일에 출발해서 6월 23일에 돌아오는 여행이다. (　　　)

2) 크루즈비용에 기항지 선택 관광비용은 포함되어 있지 않다. (　　　)

3) 이 상품은 스페인, 프랑스, 이탈리아를 여행하는 크루즈 상품이다. (　　　)

02. 여러분이 크루즈여행을 간다면 선상에서 체험하고 싶은 프로그램은 무엇입니까? 일정을 계획해 보고 친구들과 이야기해 보세요.

시간	일정	이유
아침	• 갑판 위에서 조깅하기 • •	• 하루를 활기차게 시작하기 위해서 • •
점심	• 수영장에서 수영하기 • •	• 바다를 보면서 수영하고 싶어서 • •
저녁	• 행운의 여신과 함께하는 카지노 게임하기 • •	• 영화에서 늘 보던 슬롯머신을 친구와 함께하고 싶어서 • •

크루즈 북극 여행

크루즈 여행을 떠올리면, 슬픈 사랑의 결말로 끝난 영화 '타이타닉'이 자연스럽게 떠오르지 않을까 싶다. 이 영화 덕분에 크루즈에 대한 막연한 동경과 두려움 그리고 고급스러움이라는 단어가 연상되어 심리적 거리감이 느껴지기도 한다. 하지만, 최근 크루즈의 다양한 매체의 관심으로 대중들에게 느끼는 거리감이 줄어들고 있음을 체감할 수 있다.

그렇다면 크루즈를 타고 어디까지 갈 수 있을까? 야생동물과 오로라를 관찰할 수 있는 북극을 편안하게 여행할 수 있다. 남극과 달리 북극에는 야생동물뿐만 아니라 소수의 사람도 살고 있기 때문에 그들의 독특한 문화도 만날 수 있다. 북극에서는 다른 어느 곳에서도 경험할 수 없는 빙하, 빙산, 툰드라를 볼 수 있는 기회를 접할 수 있다.

빙하

북극을 여행하기에 가장 좋은 시기는 구경하려는 것에 따라 달라진다. 북극 여행 시즌은 5~9월로 이 시기에는 얼음이 녹아 소형 크루즈는 얼음에 가로막히지 않고 항해할 수 있다. 또한 날씨가 좋고 해가 24시간으로 길어서 야생동물을 구경하고 사진을 촬영하기 좋다. 9월부터는 북극 날씨가 조금씩 추워지고 날이 짧아지므로 오로라를 보기에 최적의 계절이다.

또한 보트로만 접근 가능한 지역을 여행할 수도 있다. 보트 여행은 인원이 한정되어 있기 때문에 이런 어드벤처 여행은 충분한 정보 수집이 필요하다.

오로라

보트를 이용한 어드벤처 활동

CHAPTER 07

외식산업

식탁 위의 한국사(2:50~8:16)

1. 여러분이 좋아하는 외식 장소는 어디예요?
2. 여러분은 좋아하는 식당에 간 경험을 이야기해 보세요.

생각하기

1. 여러분은 배달음식이나 도시락을 외식이라고 생각하나요?
2. 여러분은 외식을 뭐라고 생각하나요?

■ 어휘와 표현을 알아봅시다.

원자재 산, 들, 바다 등 자연에서 나오는 가공하지 않은 식자재		**접객업** 손님을 접대하는 영업 예) 음식점, 카페, 목욕탕, 미용실	
방역 전염병이 발생하거나 퍼지는 것을 미리 막음.	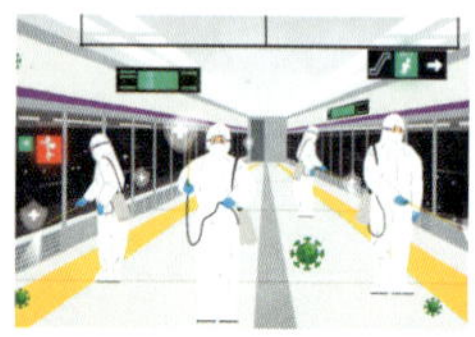	**패밀리 레스토랑** (Family Restaurant) 가족들이 함께 식사를 하기에 좋은 식당	VIPS Steak & Salad Restaurant ASHLEY GRILL & SALAD OUTBACK STEAKHOUSE
무인결제/비대면결제 직원 없이 기계를 이용해 계산을 함		**소매업** 작은 규모로 손님에게 직접 물건을 파는 영업 예) 시장, 마트, 편의점 등	
요식업 음식과 음료를 파는 영업 예) 음식점, 카페, 프랜차이즈 등		**복합산업** 여러 산업이 결합된 산업 예) 로봇산업: 전자산업+기계산업+기술산업	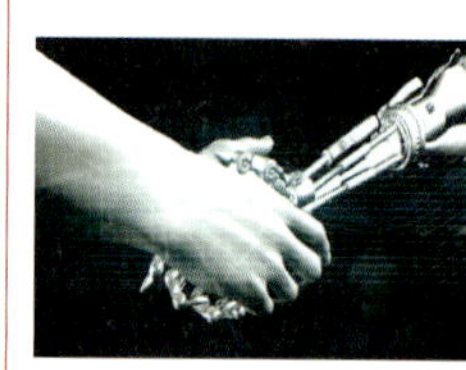

01. 알맞은 단어를 골라 쓰세요.

방역	접객업	요식업	무인결제	패밀리 레스토랑

1) 전염병 (   )을 위해서 마스크 쓰기와 손소독을 권장하고 있다.
2) 성격이 밝은 동생은 손님을 접대하는 (   )이 성격에 맞다고 한다.
3) 식당이나 카페, 술집 등에서 음식과 음료를 파는 영업을 (   )이라고 한다.
4) (   )는 편리하지만 기계 이용이 어려운 사람들에게는 불편함을 주고 있다.
5) 가족들이 함께 식사하기 좋은 (   )은 1980년대 해외브랜드가 한국에 들어왔다.

■ 어휘와 표현을 알아봅시다.

다국적 기업 여러 나라에 회사가 있는 세계적 규모의 대기업		**공동 구매** 여러 명의 소비자가 모여서 단체로 물건을 사는 것	
리퍼럴(Referral) 방식 =연합단체 큰 회사를 상대로 작은 가게들이 서로 연합하는 형태		**전염병** 바이러스나, 세균 등에 의해 사람들에게 옮기는 병 예) COVID19	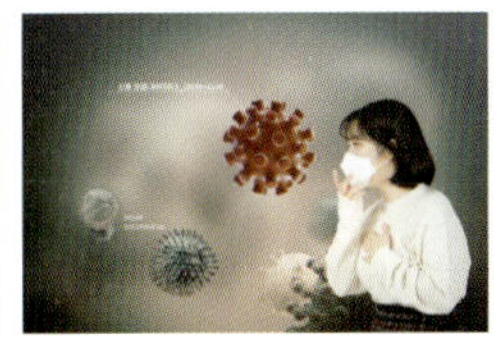
프랜차이즈 회사 (Franchise) 일반 가게에 프랜차이저 회사의 상표, 상품, 기술 등을 알려주고 비용을 받는 회사		**국민소득** 일정 기간 동안 한 나라의 국민이 일을 해서 얻은 소득	
인건비 사람한테 일을 시키고 주는 비용		**컬래버레이션 마케팅 (Collaboration Marketing)** 인기 캐릭터 또는 연예인을 활용한 상품을 출시하거나, 서로 다른 메뉴를 합쳐 새로운 외식 메뉴를 개발하는 마케팅	 [출처] 소비자평가

02. 알맞은 단어를 골라 쓰세요.

인건비	국민소득	다국적 기업	공동 구매	프랜차이즈

1) 동생의 교복은 학교에서 다 같이 (　　　　　　)를 했기 때문에 저렴하다.
2) 2022년 세계에서 가장 일하기 좋은 (　　　　　　) 1위로 구글이 뽑혔다.
3) (　　　　　　)를 아끼기 위해 직원을 구하지 않고 직접 가게 일을 하고 있다.
4) (　　　　　　)이 증가함에 따라 문화, 예술에 대한 국민들의 소비도 증가하고 있다.
5) 전국 여러 곳에 똑같은 이름으로 영업하고 있는 ㅇㅇ치킨, ㅇㅇ피자는 (　　　　　　) 가게이다.

Chapter 07

외식산업

제1절 외식산업의 개념

1. 외식산업의 정의

외식산업은 가정 밖에서 음식을 제공하는 서비스업이다. 과거에는 외식이란 집 밖에서 음식을 먹는 것을 의미했다. 즉 집에서 하는 식사를 내식이라 하고, 집 밖에서 하는 식사를 외식이라 했다(정봉원, 2000:25). 그러나 현대에는 인스턴트식품, 배달음식, 도시락 등 다양한 음식 문화가 생겨나면서 외식과 내식을 새롭게 분류하고 있다. 최근에는 밖에서 조리한 음식을 집에서 먹는 것도 외식에 포함하고 있다.

〈표 7-1〉 외식과 내식의 범위

구분	종류	내용	범위
내식	내식적 내식	집 안에서의 일상적인 식사 형태, 집 안에서 직접 조리,가공한 것.	
	외식적 내식	밖에서 조리한 음식을 집에서 먹는 것 예) 배달음식, 출장음식	현대 외식의 범위
외식	내식적 외식	집에서 조리한 음식을 밖에서 먹는 것 예) 도시락	
	외식적 외식	집 밖의 식당에서 돈을 주고 식사하는 것	

[출처] 하동현 외(2011:248) 관광사업론

과거의 식당업 · 음식업 개념은 배고프지 않게 음식을 제공하는 것이었고 현재의 외식산업은 음식(menu)뿐만 아니라 서비스(service), 분위기(atmosphere), 고객가치(value)를 함께 제공하는 개념이 되었다. 외식업이 커지고 경영적인 체계가 생기면서 외식산업이라는 말이 사용되었다. 기존의 요식업, 접객업, 음식점업 등이 오늘날 외식산업으로 발전하게 된 이유는 다음과 같다. 첫째, 외식업이 커지고 경영적인 체계가 생겼으며 둘째, 음식을 만드는 제조업과 서비스, 분위기, 편의를 제공하는 서비스업이 합쳐진 복합산업이 되면서 오늘날 외식산업으로 발전하게 되었다.

우리나라에서 외식산업이란 용어가 국내에 처음 등장한 시기는 1979년 일본 롯데리아의 도입으로부터 시작되었다고 보여지며, 1980년대 해외 패밀리 레스토랑 브랜드의 국내 시장 진출이 본격화되면서 일반화되기 시작했다.

01. 맞으면 O, 다르면 X 하세요.

1) 최근에는 배달음식, 출장음식도 외식에 포함된다. ( )
2) 집에서 조리한 도시락을 밖에서 먹는 것은 외식이다. ( )
3) 집 밖의 음식점에서 돈을 주고 식사하는 것만 외식이다. ( )

02. 다음 설명으로 알맞지 않은 것을 고르세요.

① 배고프지 않게 음식을 제공하는 것이 오늘날 외식산업이다.
② 오늘날 외식산업은 제조업과 서비스업이 함께 섞여 있는 복합산업이다.
③ 외식업이 커지고 경영적인 체계가 생기면서 외식산업이라는 말이 사용되었다.

2. 외식산업의 유형

외식산업은 크게 음식중심과 음료중심으로 나눌 수 있고 음식중심은 고객이 개인이냐 단체냐에 따라 일반음식점과 단체 음식점으로 분류할 수 있다. 외식사업의 업종별 세부 분류표는 다음과 같다.

〈표 7-2〉 외식산업의 업종별 분류표

구분			업종	내용
외식산업	음식중심	일반음식점	일반음식점	한식점, 일식점, 양식점, 중식점, 기타
			특수음식점	열차식당, 항공기 내 식당, 기내사업 선박 내 식당
			숙박시설 내 음식점	호텔 내 식당, 리조트, 콘도, 여관 내 식당
		단체음식점	학교	초 · 중 · 고 · 대학
			기업	구내식당
			군대방위시설	군대, 전투경찰, 교도소
			병원	구내식당
			사회복지시설	연수원, 양로원, 고아원
	음료중심		찻집, 술집	커피전문점, 호프집, 술집(대중유흥업소)
			요정, 바	요정, 바, 카바레, 나이트클럽, 클럽(Club)

[출처] 정환 외(2016:110) 최신관광사업론

학교에서 먹는 급식

커피숍에서 마시는 커피

03. (   ) 안에 알맞은 어휘를 쓰세요.

> 과거와 달리 현재의 외식산업은 음식이라는 상품뿐만 아니라 (   )(service), (   )(atmosphere), (   )(value)를 동시에 제공하고 있다.

04. 맞으면 O, 다르면 X 하세요.

1) 병원내 구내식당은 일반음식점이다. (   )
2) 학교 내 식당은 단체음식 외식산업이다. (   )
3) 나이트클럽이나 커피전문점은 음료중심 외식산업이다. (   )

3. 외식산업의 특성

외식산업은 제조업, 소매업, 서비스업의 특성을 모두 가지고 있다. 외식업은 음식과 음료를 만든다는 점에서는 제조업의 특성을, 일반대중에게 직접판매를 한다는 점에서는 소매업의 특성을, 직원들의 서비스가 중요하다는 점에서는 서비스업의 특성을 가지고 있다. 다음은 외식사업의 특성을 설명하고 있다.

1) 노동력이 많이 필요하다

제조업(자동차산업, 가구산업 등)은 기계를 이용해 제품을 많이 만들 수 있지만 외식산업은 사람이 직접 해야 하는 것이 많다. 그리고 서비스도 사람이 직접 전달해야 하기 때문에 인건비가 높다. 이처럼 다른 산업에 비해 사람의 노동력이 많이 필요한 산업이다.

직접 전달하는 서비스

2) 생산, 판매, 소비가 동시에 이루어진다

일반 제조업은 공장에서 상품이 만들어지고 그 상품이 가게로 가서 손님에게 판매가 되는 정해진 과정이 있다. 그러나 외식산업은 그런 과정 없이 주방에서 조리(생산)한 후 곧바로 손님에게 판매된다. 이처럼 식자재를 구입해서 주방에서 조리한 후 곧바로 상품(음식)이 판매되고 소비되기 때문에 외식산업은 생산, 판매, 소비가 동시에 이루어진다.

3) 고객수 예측이 어렵다

여러 행사와 경제, 환경, 날씨, 전염병 등의 변화로 고객의 수를 예측하거나 식재료의 양을 결정하기가 어렵다.

4) 적은 돈으로 창업하기 쉽고 규모가 작다

외식산업은 다른 산업에 비해 적은 돈과 특별한 기술 없이 누구나 쉽게 창업할 수 있다. 그러나 경영방법을 잘 알지 못하고, 대부분 적은 돈으로 가게를 빌려서 시작하기 때문에 안정적이지 않고 실패하기 쉽다.

5) 이직률이 높은 편이다

외식업체는 대부분 월급이 낮고 복지 등의 근무조건이 좋지 않은 편이었다. 그러나 대기업과 호텔들이 외식산업을 시작하면서 복지나 근무조건이 좋아지고 있다. 그러나 다른 직업에 비해 외식업 종사자들은 직장을 자주 바꾸는 편이다(정환 외, 2016:106, 하동현 외, 2011:250).

05. 다음 내용에 해당하는 특성을 쓰세요.

1) 외식업체는 대부분 임금이 낮고 복지 등의 근무조건이 좋지 않아서 회사를 자주 옮기는 편이다.	
2) 대부분 적은 돈으로 시작하기 때문에 쉽게 가게를 열 수 있지만 안정적이지 않고 실패하기 쉽다.	
3) 사람이 직접 해야 하는 것이 많고 음식을 전달하는 서비스 과정도 사람의 손으로 하기 때문에 인건비가 높다.	

제2절 외식산업의 발전

1. 외식업의 성장요인

한국 외식산업 성장배경으로는 크게 사회적 요인, 문화적 요인, 경제적 요인, 기술적 요인 4가지로 나누어 볼 수 있다(추상용, 1998:321).

1) 사회요인

맞벌이 가구가 증가하고 여성의 경제활동이 높아지면서 집밥을 먹기보다 외식을 좋아하는 사회현상이 나타나게 되었다. 그리고 요리할 시간이 부족하거나 여유가 없어진

1 · 2인 가구도 외식을 하거나 배달 음식을 먹고 있다. 또한 건강이나 여가 문화에 관심이 높아진 사회현상, 고령화, 도시형 생활의 증가 등을 사회적 요인으로 들 수 있다.

2) 경제적 요인

국가경제 발전과 국민소득이 높아지면서 사람들은 점점 여가시간이 늘어나게 되었다. 경제적 여유가 생기면서 사람들은 편안하고, 분위기가 좋고, 맛이 좋으며, 가격이 저렴한 곳을 찾기 시작했다. 이런 경제발전이 외식 산업의 발전으로 이어지고 있다.

3) 문화적 요인

높아진 국민의식, 서구화된 식생활, 빠르고 간편한 것을 좋아하는 사회적 변화, 자기만족의 중요성, 전통 민속음식의 관심 증대 등의 문화적 요인이 외식사업 발전에 영향을 주고 있다.

인구가 도시에 많아지면서 사람들은 주말이면 도시 밖으로 나가게 되었다. 이런 소비자의 이동은 먹고 마시기만 하는 외식의 장소가 아닌 대화와 여가활동의 장소, 비즈니스의 장소, 사교의 장소로 식당의 이미지가 바뀌고 있다.

여가활동으로서의 외식사업

4) 기술적 요인

기술적 요인으로는 주방 기구의 현대화 · 과학화, 포장기술의 발달, 해외 유명브랜드와 기술협력, 컴퓨터시스템 등이 있는데 이런 기술적 도입이 외식산업의 주된 성장원인이 되고 있다.

06. 맞으면 O, 다르면 X 하세요.

1) 여성의 경제활동이 증가하면서 외식보다 집밥을 먹게 되었다. ( )
2) 국민소득의 증가는 외식산업이 성장할 수 있는 요인이 되었다. ( )
3) 먹고 마시는 외식장소에서 사교 · 여가활동의 외식장소로 변하고 있다. ( )

07. 여러분이 외식을 하는 이유를 친구에게 이야기해 보세요.

2. 국내 외식산업의 문제점

국내 외식산업은 현재 빠르게 성장하고 있지만, 여러 가지 문제점을 가지고 있다. 다음은 국내 외식산업의 문제점을 나타내고 있다.

1) 경영능력 부족문제

여윳돈 없이 외식업을 하는 경우가 대부분이기 때문에 장기적인 계획이나 체계적인 경영이 어렵다. 소비자가 원하는 상품을 다른 회사보다 먼저 개발하여 판매하는 것이 중요하다.

2) 직원의 복지 문제

외식 사업은 사람의 노동력 서비스가 큰 사업이기 때문에 직원의 복지가 중요하다. 만약 직원복지에 관심이 없으면 외식 사업은 쇠퇴하게 된다. 종업원에 대한 복지문제는 반드시 좋아져야 한다(하동현 외, 2011:295).

3) 프랜차이즈 본부의 능력 부족문제

프랜차이저 본부는 기술과 경험, 체계적인 관리 능력 없이 무리하게 사업 확장을 하고 있는데 이것은 외식시장의 문제점이 되고 있다.

로열티 과다지출

4) 로열티 지출문제

규모가 큰 세계적인 다국적 외식기업들이 국내로 들어오면서 로열티가 국외로 나가고 있다. 일부 업체는 외국의 프랜차이저 회사에게 너무 많은 로열티를 주고 있어 문제가 되고 있다.

5) 인구대비 외식업체 수 문제

한국의 식당 수는 인구에 비해서 높은 편이다. 이렇게 식당 개업이 많아지면 이익을 내는 식당은 줄어들게 되고 많은 식당이 실패하면서 사회적 문제가 될 것이다.

[그림 7-1] 외식산업의 문제점

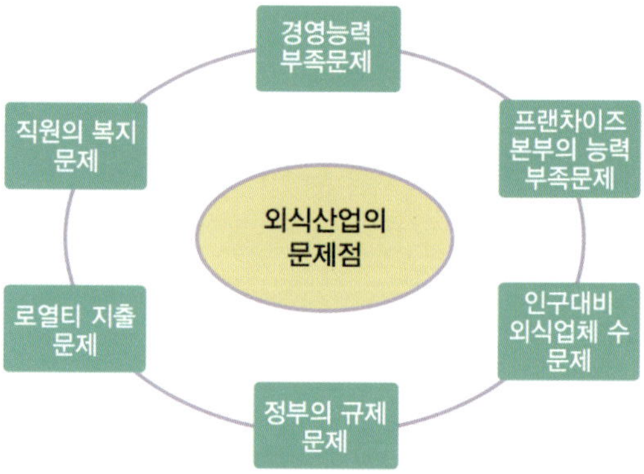

6) 정부의 규제 문제

변화하는 사회환경, 경제환경에 적응할 수 있는 법제도가 필요하다. 그러나 아직까지 규제중심의 제도가 많은 편이다. 한 예로 신용카드 수수료에 대한 문제나 외국인 고용에 관한 것 등 현실적이지 못한 법 제도가 많다. 이런 법들을 조사해 현실에 맞는 제도로 바꾸어야 한다.

08. 관계있는 것끼리 연결해 보세요.

1)	종업원들의 복지가 중요하다.	• 경영능력 부족 문제
2)	다국적 외식기업들에게 많은 로열티를 주고 있다.	• 정부의 규제 문제
3)	적은 돈으로 창업한 규모가 작은 가게가 많기 때문에 경영적으로 체계적이지 못하다.	• 직원의 복지 문제
4)	변화하는 사회환경, 경제환경에 적응할 수 있는 법규 및 행정제도가 필요하다.	• 로열티 지출문제

3. 국내 외식산업의 발전방안

앞에서 이야기한 국내 외식산업의 문제점들을 해결하기 위해서는 다음과 같은 것들이 해결되어야 할 것이다(하동현 외, 2011:295).

1) 다른 업체와의 연합

규모가 작은 외식업체가 혼자 해외 브랜드 외식업체와 경쟁해 이기겠다는 것은 매우 어렵다. 따라서 어떤 연합체, 예를 들어, '연합회(연합단체)', '리퍼럴[1](referral) 조직'을 만들어 '공동광고'나 '공동구매'를 하는 방법을 실천하면 어느 정도 규모가 큰 외식업체를 만들 수 있다.

2) 종사원 교육 · 훈련의 강화

서비스업에서는 종업원에게 전문적 교육과 훈련이 매우 중요하다. 종업들이 전문기술을 배우게 되면 자신들의 직업에 대한 만족도가 올라가고 음식이나 서비스에 대한 질이 높아지게 된다.

1) 리퍼럴 방식(referral chain) : 독립경영 호텔들이 체인 호텔과의 경쟁을 위해 경영권은 독립적으로 유지하면서 공동의 회원조직, 공동예약, 공동광고 등을 통해 비용절감을 하는 형태

3) 브랜드의 개발

브랜드는 기업의 대표적인 얼굴이라고 할 수 있다. 브랜드가 없는 기업의 경우에는 외국 브랜드와의 프랜차이즈[2] 사업이 유리하다. 그러나 결국에는 자기 회사 브랜드를 개발해 국내뿐만 아니라 해외에서도 자기 회사 이름을 알려야 한다. 이러한 브랜드의 가치는 짧은 시간에 이루어지는 것이 아니라 긴 시간이 필요하다.

4) 전통음식의 개발

음식은 단순히 식욕을 만족시키는 것뿐만 아니라 문화 수출의 방법이 되고 있다. 따라서 국내 외식업체는 한국인의 입맛에 맞는 전통음식을 개발하고, 이것을 관광 상품화해서 외국인의 입맛에도 맞는 음식을 개발하여 한국의 문화수출을 할 기회로 만들어야 할 것이다.

5) 주변 산업의 개발

외식산업의 발전 배경에는 기술의 발달이 있었다. 예를 들어 패스트푸드산업의 발전 뒤에는 전자레인지의 개발이 있었다. 따라서 외식산업과 관련된 기술의 개발, 예를 들어 주방기기산업의 발달은 외식산업의 발전에 꼭 필요한 것이라고 할 수 있다.

09. 다음 설명으로 맞는 것을 모두 고르세요.

① 외식산업의 발전을 위해서는 주변 산업의 개발이 필요하다.
② 외식업 종사원의 전문기술 교육은 돈이 많이 들기 때문에 하지 않는 것이 좋다.
③ 규모가 작은 외식업체는 다른 외식업체와 공동광고, 공동구매를 하는 것이 좋다.
④ 자기 회사 브랜드가 없는 외식업체는 외국브랜드와의 프랜차이즈 사업을 하는 것은 좋지 않다.

---

2) 프랜차이즈 방식(franchise chain) : 계약을 통해 회사본부와 점주(가게주인)의 관계로 수수료를 주고 운영상의 도움을 받는 형태

01. 다음은 요즘 한국의 외식트렌드를 소개한 글입니다. 읽고 질문에 답해 보세요.

안전한 외식

최근 개인 위생과 방역에 대한 관심이 높아지면서 비대면 주문과 비대면 식사 서비스 이용이 증가하고 있다. 음식을 주문할 때 가게 직원에게 주문하는 것이 아니라 '무인결제 키오스크'를 이용해 주문을 하거나 식사 서비스도 로봇이 서빙하는 경우가 증가하고 있다. 앞으로도 이러한 변화는 계속될 것이다. 이렇게 직원이 아닌 기계로 주문하거나 서빙하는 것은 위생적이고 편리하지만 기계 이용이 어려운 노인, 장애인, 소외계층 등의 불편함은 증가할 것이다.

안심 주문, 안심 식사 서비스

무인결제 키오스크
:비대면 주문

서빙 로봇: 비대면
식사 서비스

[출처] 농식품부, 2021년 외식 경향(트렌드)

1인 외식 문화 확산

혼자서 간단하게 식사를 하던 과거의 '혼밥'과는 달리, 혼자서 원하는 장소에서 다양한 메뉴의 식사를 즐긴다는 뜻의 '홀로만찬'이 등장했다. 이러한 혼밥 문화가 유행하면서 다양한 1인용 배달 음식이나 여러 종류의 간편식 · 밀키트(Meal Kit)도 증가하고 있다.

간편식은 기본 조리가 끝나 간단히 데워 먹거나 최소한의 조리 과정만으로도 먹을 수 있는 음식을 말한다. 밀키트는 깨끗이 손질된 재료와 양념, 설명서가 포함되어 스스로가 직접 요리를 할 수 있는 세트상품이다. 요리를 못하는 사람도 간편하게 맛있는 요리를 할 수 있어 인기가 높다. 하지만 비싼 가격과 포장 쓰레기 문제, 새벽 배송 중심의 밀키트가 택배 기사의 과로사로 이어지고 있다.

나 홀로 만찬

RMR(맛집 간편식)
(Restaurant Meal Replacement): 유명한 맛집 음식을 간편식으로 배달받고 집에서 조리해서 먹는다.

배달 앱 1인분 카테고리
(배달의 민족, 요기요 등): 1인 문화 확산으로 1인분 배달이 증가하고 있다.

[출처] 농식품부, 2021년 외식 경향(트렌드)

1) 윗글의 내용과 <u>다른</u> 것을 고르세요.

① 사람이 아닌 기계 주문은 노인, 소외계층의 불편함으로 나타나기도 한다.
② 위생과 방역에 관심이 높아지면서 무인결제 키오스크 이용이 감소하고 있다.
③ 사람을 직접 만나지 않고 하는 결제나 서빙현상은 앞으로도 계속될 것이다.

2) 맞으면 O, 다르면 X 하세요.

(1) 간편식 · 밀키트(Meal Kit) 증가는 쓰레기 문제로 이어지고 있다. ( )
(2) 1인 외식 문화가 확산되면서 간편식 · 밀키트(Meal Kit)가 감소하고 있다. ( )

02. 다음 메모를 참고하여 여러분 나라의 요즘 외식 트렌드를 소개해 보세요.

친환경 식품 소비 확산	아침식사증가	안전한 외식	건강식품 확산
1인 외식 문화 확산	간편식 · 밀키트식의 확산	컬래버레이션 마케팅	

어떤 식문화가 유행하고 있습니까?		
언제부터 이런 문화가 유행했습니까?		
그 식문화의 내용을 써 보세요.		
이런 식문화가 유행하는 이유는 무엇입니까?	• •	
이런 식문화 유행의 장점과 단점은 무엇이 있습니까?	장점	
	단점	

식당 사장님도 간편식 찾는다…
외식 B2B 시장 조용한 성장

- 사업장 반조리 제품 수요 증가
- 비용은 줄고 '안전함' 인증

외식산업 B2B(기업과 기업 간 거래, business-to-business) 시장에도 간편식 바람이 불고 있다. 원자재 재료 대신 간편식을 찾는 외식 사업장이 늘고 있다. 식당에서 사 먹는 대신 건강을 위해 간편하게 손질된 재료들로 요리를 하는 고객들이 늘고 있다. 이런 현상에서 더 나아가 급식 사업장이나 음식점에서도 이렇게 손질된 재료나 간편하게 조리된 음식을 이용하는 곳이 늘고 있다.

외식 · 급식 사업장에서 간편식을 찾는 이유는 인건비 및 시간이 절약되기 때문이다.

사업장에서는 요리사가 혼자 모든 메뉴를 만들어야 했기 때문에 일도 힘들고 근무시간도 길었지만 반조리 제품을 이용할 경우 요리사들이 메뉴별 설명에 따라 음식을 만들 수 있어, 요리사는 전체 메뉴의 영양, 위생에 더 신경을 쓸 수 있다.

국, 탕류를 만들기 위해 2~3시간씩 육수를 끓이는 데 사용했던 가스비나 전기료도 아낄 수 있다. 실제로 육개장 300인분을 만드는데 걸리는 시간은 5시간 40분이지만 반조리 제품을 이용하면 4시간 30분이 걸린다. 가공식품은 데우기만 하면 되고, 국 · 탕류는 물에 소스를 섞은 후 야채를 추가하면 쉽게 요리를 완성할 수 있어 자영업자들에게도 인기다.

식품업계 관계자는 "최근 식재료값이 오르면서 반조리 제품을 찾는 사업장이 더 늘었다"고 설명했다.

간편식 · 반조리제품

[출처] 아시아경제(2021)

CHAPTER 08

테마파크업 (주제공원)

전세계 이색 테마파크 TOP4(0:04~3:57)

1. 가장 기억에 남는 테마파크는 어디예요?
2. 왜 그 테마파크가 기억에 남아요?

생각하기

1. 한국에서 가고 싶은 테마파크는 어디예요?
2. 그 곳에서 무엇을 체험하고 싶어요?

■ 어휘와 표현을 알아봅시다.

탑승시설 탈 수 있는 놀이기구		**복합리조트단지** 카지노, 호텔, 쇼핑몰 등의 시설들이 있는 리조트	
비일상의 경험 현실생활 같지 않은 경험		**조경** 경치를 아름답게 꾸밈	
공상세계 상상의 세계		**오락 · 위락공원** 즐거움과 휴식을 주는 공원	
캐릭터 애니메이션, 영화 등에 나오는 인물이나 동물의 이미지를 디자인한 것		**시설의 진부화** 1. 기계, 설비 같은 것의 수명이 줄어드는 것 2. 유행이 지나거나 오래 되어서 버려야 하는 경우	

01. 알맞은 단어를 골라 쓰세요.

캐릭터	탑승시설	복합리조트단지	시설의 진부화	비일상의 경험

1) 노후된 놀이기구는 (   )로 안전사고가 증가하고 있다.
2) 놀이공원에서 제일 인기가 많은 (   )은 롤러코스터이다.
3) 여러 가지 (   ) 인형을 만들어 어린이들에게 인기가 높다.
4) (   )을 하고 싶은 관광객들은 스트레스를 풀기 위해 테마파크를 찾고 있다.
5) 카지노, 호텔, 쇼핑몰 등의 시설들이 있는(   )가 서울 시내에 개발 중이다.

■ 어휘와 표현을 알아봅시다.

중복투자 같은 산업에 여러 기업이 자본을 겹쳐서 투자하는 일		**여가활동** 한가로운 시간을 활용하여 취미 활동을 하는 것	
수익성 경제적 이익을 얻을 수 있는 정도		**주막** 조선시대 시골 길가에서 밥과 술을 파는 식당	
경쟁력 서로 이기려고 하거나 앞서 나가려고 하는 것		**생태공원** 자연 그대로의 모습이 유지될 수 있도록 주변 환경을 변형하지 않고 최대한 활용하여 만든 공원	
종주국 문화적 현상 같은 것이 처음 시작한 나라		**아리수 홍보관** 아리수(서울시 수돗물)를 홍보하는 건물	

02. 알맞은 단어를 골라 쓰세요.

수익성	경쟁력	중복투자	종주국	여가활동

1) 태권도는 한국이 (   )이라고 할 수 있다.
2) 취미생활을 이용한 (   )은 정신적인 피로를 풀 수 있다.
3) 그는 (   )이 높다는 사업에 뛰어들었으나 빚만 쌓이고 말았다.
4) 국산 쌀의 품질은 최고 수준이라 외국쌀과 비교해도 충분한 (   )이 있다.
5) 현재 고속도로 건설은 민간과 정부가 따로 여러 번 (   )를 해서 투자 손실을 보고 있다.

Chapter 08

테마파크업(주제공원)

제1절 테마파크의 개념

1. 테마파크의 정의

테마파크(theme park) 또는 테마공원은 특정 주제를 기반으로 만든 관광시설을 말한다. 주로 놀이공원, 박물관, 호텔, 상업시설이 같이 있는 경우도 있다. 테마파크는 일정한 공간에 특별히 선택한 주제를 가지고 조경, 건축물, 공연, 놀이시설, 식음료, 상품, 서비스 등이 종합적으로 제공된다. 방문객에게 비일상의 경험을 체험하게 하고 즐거움을 느끼게 하는 공간이라 할 수 있다. 반면에 놀이공원은 단순한 놀이시설만 있는 오락공원을 의미한다.

〈표 8-1〉 놀이공원과 테마파크의 차이점

	차이점
놀이공원 (어뮤즈먼트 파크, amusement park)	오락과 재미를 느낄 수 있는 단순 놀이시설로서 청소년들의 힘과 용기 등을 체험하는 시설로 주로 단순한 탑승시설이 많은 오락공원이다.
테마파크(주제공원) (theme park)	관람객에게 꿈, 희망, 감동을 줄 수 있는 주제(theme)가 있으며, 교육적 효과까지 있는 공원이다. 대표적으로 스포츠 테마파크, 푸드 테마파크 등이 있으며, 놀이공원과는 다르다.

[출처] ブレーソ 誠文堂新光社, 1996, 12月号, (일본 통산성 자료)를 참고로 재구성

테마파크의 대표적인 예로는 1955년 미국 플로리다 올랜도에 세워진 디즈니랜드(Disney Land)가 있다(유희중, 2010:12). 디즈니랜드는 나이, 국적을 넘어 많은 사람으로부터 좋은 반응을 얻었다. 디즈니랜드는 기존의 놀이공원 형태를 뛰어넘는 모습으로 오늘날 테마파크(Theme Park)의 시작이 되었다(박지선, 2007:59).

미국 플로리다 올랜도 디즈니랜드

1) 테마파크의 구성요소(정환 외, 2016:270)

① 탑승시설: 속도감을 느끼거나 재미와 모험을 주는 놀이시설

② 관람시설: 영상 같은 시각적인 효과를 관람하거나 참여할 수 있는 시설

③ 공연시설: 캐릭터(character) · 캐스트(cast) 등이 출연해 주제와 맞는 연주와 쇼를 공연하여 방문객들에게 즐거움을 주는 공간

④ 식음료시설: 식사와 음료 그리고 이를 제공하는 인적 서비스 시설

⑤ 상품과 게임시설: 테마파크의 상징이 되는 캐릭터 상품과 입장객이 즐길 수 있는 게임기구를 갖춘 시설이나 공간

⑥ 편의시설: 공중전화, 화장실, 안내소 등 방문객의 편리함과 안전을 위한 시설

⑦ 휴식공간: 방문객들이 테마파크 내에서 놀이를 하지 않는 시간에 휴식을 할 수 있는 장소

⑧ 지원관리시설: 방문객들의 각종 활동이나 방문객들이 시설을 이용할 때 불편함이나 위험 사항이 발생하지 않도록 관리하는 시설

8가지 기본구성요소 중 어느 한 가지만이라도 배제된다면 테마파크로서의 성격이 상실될 수 있다.

01. 다음 내용에 해당하는 개념을 쓰세요.

1) (   )은 테마파크에서 단순한 탑승시설이 많은 오락공원을 말한다.

2) (   ) 또는 (   )은 특정 주제를 기반으로 만든 관광시설을 말한다.

2. 테마파크 유형

주제에 따라 리조트형 테마파크와 관광형 테마파크, 위락형 테마파크로 분류할 수 있다. 리조트형 테마파크는 리조트시설에 테마성을 부여한 것이고, 관광형 테마파크는 관광지에 문화적 테마를, 위락형 테마파크는 어뮤즈먼트(amusemsnt) 시설에 테마를 부여한 것이다(김창수, 2007).

또한 형태로 분류해 본다면 환경재현형, 정보전시형, 문화관광형, 자연공원형, 체험시뮬레이션형, 이벤트 형 등으로 구분할 수 있다.

〈표 8-2〉 **주제별 테마파크 분류**

1) 리조트형 테마파크(바다의 레저 관광을 중심으로 하는 파크) • 쏠비치(대명콘도) 동해와 설악, 진도, 삼척 등의 바다의 아름다운 전망과 레저를 즐길 수 있도록 파크화 함	 리조트형 테마파크
2) 관광형 테마파크(인간사회의 민속을 테마로 하는 파크) • **한국 민속촌** 지역산업 · 전통공예 등을 테마로 한 파크 • **안동 하회마을** 특정 지역을 보전해 지역 전체를 파크화함	 관광형 테마파크
3) 관광형 테마파크(산업을 테마로 하는 파크) • **이천 도자기촌** 지역산업 · 전통공예 등을 테마로 한 파크 • **폐광촌 체험** 폐광산을 테마로 한 파크	 관광형 테마파크

4) 위락형 테마파크(놀이를 테마로 하는 파크)

- **롯데월드**

  놀이기구를 이용한 놀이 자체를 테마로 한 파크

- **에버랜드 캐리비안베이**

  레저풀(leisure pools)을 테마로 한 워터파크

위락형 테마파크

[출처] 정환 외(2016:271) 최신관광사업론

02. 다음의 장소는 무엇을 주제로 한 테마파크인지 쓰세요.

이천 도자기촌	한국 민속촌	롯데월드	쏠비치

03. 여러분이 가고 싶은 테마파크에 대해 이야기해 보세요.

3. 테마파크의 특성

테마파크는 일반 공원과 다른 몇 가지 구조적 특성을 가지고 있는데, 이러한 특성을 구조적 특성과 경영적 특성으로 나누어 설명하면 다음과 같다.

1) 테마파크의 구조적 특성

구조적 특성은 테마성, 비일상성, 통일성, 레저성, 종합성으로 나눌 수 있다. 첫째, 테마성은 하나의 중심적 테마 또는 연속성을 가지는 몇 개의 테마들이 하나로 연결되어 구성되는 특성이 있다(정환 외, 2016:279). 테마가 명확해야 방문객이 테마파크가 제공하는 서비스 상품에 몰입할 수 있다. 둘째, 비일상성은 하나의 공상 세계로서 일상생활에서 완전히 벗어난 공간이다. 셋째, 통일성은 주제를 강조하기 위해 건축양식, 조경 등 모든 상품에 통일적인 이미지를 주는 특성이다. 넷째, 레저성은 구경거리, 음식, 쇼핑, 쇼 및 다양한 이벤트 프로그램 등 놀이에서 휴식까지 즐길 수 있는 특성이다. 다섯째, 종합성은 기획단계의 컨설팅, 건설단계의 디자인, 음악, 이벤트, 인재육성, 매점, 레스토랑, 호텔, 부동산 관리 등 주제공원의 성격을 더욱 강조하는 특성이라고 할 수 있다.

테마성
(명확한 주제가 있는 테마)

2) 테마파크의 경영적 특성

대도시권이나 관광객이 많은 유명 관광지 주변에 위치하는 것이 좋기 때문에 입지조건이 중요한 사업이다. 그리고 투자비와 인력이 많이 들고 시설의 진부화가 빨라 자금의 재투자가 되는 기간도 빠르다. 또한 방문객이 공원 내에 체류하는 시간이 길어질수록 소비도 늘기 때문에 고객들을 파크 내에 오래 머무르게 해야 한다. 그리고 음식과 물품 판매가 주요 수입이기 때문에 관리도 중요하다. 인건비 비중이 높은 산업이며 방문객 수를 예측하기 어렵다는 특성도 있다.

비일상성
(현실에서 겪을 수 없는 테마)

04. (　　) 안에 알맞은 어휘를 골라 쓰세요.

테마성	비일상성	통일성	레저성	종합성

1) (　　　　　) : 일상성을 벗어난 공상세계의 즐거움을 느낄 수 있는 특성

2) (　　　　　) : 주제를 강조하기 위해 모든 상품에 통일된 이미지를 주는 특성

3) (　　　　　) : 하나의 중심적 테마 또는 연속성을 가지는 몇 개의 테마로 구성된 특성

05. 다음 설명으로 알맞지 않은 것을 고르세요.

① 테마파크 운영은 많은 인력이 필요한 사업이다.
② 테마 주제나 시설을 사용하는 기간이 짧기 때문에 시설의 진부화가 빠르다.
③ 대도시권이나 관광지 주변에 위치하는 것이 좋기 때문에 입지 조건이 중요하다.
④ 많은 고객들이 와야 하기 때문에 고객들이 파크 내에 오래 머무는 것은 좋지 않다.

제2절 테마파크의 발전

근대적 의미의 레저공간은 1760년 유럽의 플레저가든(Pleasure Garden)을 출발점으로 볼 수 있다. 1843년 덴마크의 코펜하겐에 등장한 티볼리 공원(Tivoli)은 오락성이 높은 유원지와 도시공원 형태로 발전하여 테마파크의 효시가 되었고, 19세기 후반 탑승시설이 도입되면서 동적 공간인 어뮤즈먼트 파크로 발전하게 되었다(김창수, 2007).

1. 국내·외 테마파크 현황

1) 국외 테마파크

(1) 미국

미국은 테마파크 종주국이라고 할 수 있을 만큼 테마공원이 잘 개발되어 있다. 약 600개 정도의 테마파크와 놀이공원이 있는데, 전 세계에서 약 60% 이상의 시장을 가지고

있다. 디즈니랜드가 대표적이라고 할 수 있다.

(2) 유럽

유럽은 미국과 다르게 테마파크가 적은데, 그 이유는 겨울이 길어 햇빛을 볼 수 있는 기간이 짧고 국민성이나 여가의식이 미국과 다르기 때문이다. 영국의 첫 번째 테마공원은 레저 · 스포츠회사에서 개발한 처드시(chertsey) 지역의 소프 워터파크(thorpe water park)로 수상스키와 같은 물에서의 활동을 주제로 한다.

(3) 일본

1983년을 일본 테마파크의 시작으로 본다. 1983년 도쿄디즈니랜드가 개장되면서 테마파크의 개념이 사람들에게 받아들여지기 시작했다. 대표적인 테마파크로 도쿄디즈니랜드, 오사카 유니버설스튜디오 등이 있고 소규모 테마파크도 많다.

(4) 중국

상하이 디즈니랜드의 도입으로 중국 내에 테마파크 산업이 급부상했다. 상하이 디즈니랜드 · 유니버설 스튜디오와 홍콩의 디즈니랜드가 대표적이다. 2021년 개장한 유니버설스튜디오 베이징은 미국 영화제작사 유니버설스튜디오가 만든 초대형 테마파크이다.

2) 국내 테마파크 현황

국내 테마파크의 시작은 과천시에 개장된 서울랜드라고 할 수 있다. 이전에도 유사한 개념으로 개발된 공원이 있었지만 본격적으로 테마파크의 개념을 가지고 개발된 것은 이곳이 처음이다(하동현 외, 2011:321).

[그림 8-1] 동북아권 테마파크 현황

대표적인 테마파크라고 할 수 있는 것은 에버랜드, 롯데월드, 캐리비안베이, 강원도 오션월드, 한국민속촌 등이 있다.

최근 대기업들이 놀이동산뿐만 아니라 호텔, 리조트, 대규모 쇼핑몰 등을 한곳에 모은

형태의 테마파크 사업을 추진하고 있어 시장의 관심이 쏠리면서 2022년 3월 '롯데월드 어드벤처 부산'이 새롭게 개장하였고 2019년 9월에 마산 로봇랜드(로봇을 주제로 한 테마파크), 2022년 5월에 강원도 춘천시 레고랜드 등이 개장되었다.

2. 국내 테마파크 산업의 문제점

국내 테마파크산업을 중심으로 살펴본 문제점은 다음과 같다.

1) 테마 및 캐릭터의 부재

테마, 캐릭터의 통일성은 일부 있으나 스토리가 없어 방문자의 감정이입이 안 되고 있다. 이는 낮은 상품 판매 실적과도 관계가 있다. 테마파크의 스토리가 관람자의 의식 속에 자연스럽게 전달될 수 있도록 시설과 공간의 디자인이 필요하다.

2) 국제 테마파크와 경쟁력 심화

2005년 홍콩 디즈니랜드 개장을 시작으로 2016년 상하이 디즈니랜드가 개장하였으며 2021년 베이징 유니버설스튜디오가 새로 개장하였다. 국내 테마파크는 외국인 관람객 비율이 높은 것으로 알려져 있는데 이런 주변국의 거대 테마파크 개장은 국내 테마파크의 외국인 관광객 유치에 걸림돌이 될 수 있다.

3) 무분별한 계획과 중복투자

지방자치단체가 경쟁적으로 테마파크를 만들다 보니 전국적으로 비슷한 테마파크 및 복합리조트단지의 개발이 계획되었고 이로 인해 중복투자의 걱정이 나타나게 되었다.

4) 낮은 수익성

1인당 매출액도 다른 나라에 비해 약한 편이다(동경 디즈니랜드의 4분의 1수준). 외국의 테마파크에 비해 상품 가격이 낮고, 숙박시설이 없어 하루 관광일정으로 끝나는 것도 문제점이다. 그리고 수도권 테마파크의 경우 티켓, 식음료, 관광 상품 판매 중에서 티켓 판매의 비중이 높지만, 외국 테마파크의 경우 티켓 가격보다는 수익성이 높은 상품이나 식음료의 비중이 높은 편이다.

5) 불리한 계절 조건

겨울철 등 계절적 요인의 비수기가 존재한다. 수도권에 있고 야외시설이 대부분을 이루고 있는 서울랜드와 에버랜드는 계절에 따라 입장객의 차이가 심하다. 실내 시설이 많은 롯데월드와 겨울이 많이 춥지 않은 오사카 유니버설은 계절에 따른 입장객 차이가 적은 편이다.

6) 정부의 낮은 지원

신규 테마파크에 대한 정부의 지원수준도 낮다. 다른 산업과 다르게 각종 부담금에서 혜택을 받지 못하고 있고 입장료 및 시설이용요금에 대한 규제가 심하다.

06. 맞으면 O, 틀리면 X 하세요.

1) 국내 테마파크는 외국의 테마파크에 비해 수익성이 낮은 편이다. (　　　)
2) 국내 테마파크는 스토리 기반이 없어 방문자의 감정이입이 안 되고 있다. (　　　)
3) 주변국의 테마파크 개장은 경쟁력이 없기 때문에 국내 테마파크의 외국인 관광객 유치는 쉬운 편이다. (　　　)
4) 국내 테마파크는 지방자치단체의 무분별한 경쟁적 중복투자가 많은 편이다. (　　　)
5) 테마파크를 운영할 때 한국의 사계절은 비수기나 성수기에 영향을 주지 않는다. (　　　)

3. 국내 테마파크 산업의 발전방안

1) 캐릭터–테마–상품판매의 연계성

영화, 애니메이션과의 협력 모델 등을 통해 테마성을 높이고 캐릭터를 강화하여 이익이 높은 상품판매의 수익을 높여야 한다.

해외 테마파크 캐릭터 사례

- 홍콩 디즈니랜드는 유명한 애니메이션 토이스토리 캐릭터와 테마를 활용한다.
- 독립된 시설을 만들어서 입구에 토이스토리 캐릭터가 방문인사(왼쪽) 및 사진촬영을 해주고 악당을 무찌르는 테마로 구성된 실내라이드(가운데)를 즐긴 후 가게(오른쪽)에서 토이스토리와 관련된 기념품을 구입하도록 되어 있다. 이처럼 캐릭터와 테마를 상품판매까지 자연스럽게 연결시키고 있다.

홍콩 디즈니랜드 캐릭터 – 테마 – 상품판매 연계

[출처] 운형호(2006:17) 서울연구원

2) 안정적 수익 확보

외국인 유치 노력에 힘쓰고 숙박시설 확보와 교통이 좋아 찾아가기 편리한 테마파크로 발전하는 것이 좋다. 계절적 입장객 차이를 줄여서 안정적 수익을 확보하는 것이 필요하다.

3) 가족중심의 테마파크

우리나라는 점점 가족중심의 여가활동이 보편화되어 가고 있으며 고령화 사회에 진입하였다. 따라서 앞으로 테마파크 시설은 어린이 중심이 아닌 모든 계층을 위한 종합적이고 체계적인 가족 중심의 테마파크로 개발되어야 한다.

4) 국제적 수준의 테마파크 필요

수도권의 테마파크 입장객으로 보면 국제적인 수준이지만 시설 및 콘텐츠로 보면 국제 경쟁력이 낮은 편이다. 첨단 디지털 기술의 도입을 통한 국제적 수준의 경쟁력을 확보해야 한다.

07. 다음 설명으로 맞는 것을 모두 고르세요.

① 첨단 디지털 기술의 테마파크는 인기가 떨어지고 있다.
② 영화, 애니메이션과의 협력 모델 등을 통해 테마성을 높여야 한다.
③ 외국의 유명한 테마파크를 받아들여서 안정적 수익을 확보해야 한다.
④ 어린이 중심이 아닌 남녀노소 모든 계층을 위한 테마파크로 개발되어야 한다.

- 이번 달에 가 볼 만한 테마파크 -

〈한국 민속촌〉

경기도 용인시에 있는 테마파크입니다. 한국에 많은 테마파크가 있지만, '주제를 기반으로 한 관광시설'이라는 의미에 가장 가까운 시설로 손꼽힙니다.

전통 기와집과 초가집을 비롯해 주막 등이 있고 각종 민속 음식과 민속 놀이 등이 있습니다. 이곳은 한국의 전통문화를 체험할 수 있어 외국인 관광객에게는 흥미로운 곳이 될 수 있습니다. 이외에도 놀이동산과 민속 박물관 등이 있는데 방송사 사극 드라마 촬영 장소로 자주 사용되어 멋진 볼거리가 될 것입니다.

구슬치기

〈서울어린이대공원〉

서울 광진구 능동에 위치한 어린이대공원은 입장권은 무료이며, 주변 주민들이 즐길 수 있는 공원입니다. 시민과 함께 가꾸고 즐기는 휴식공간이자 동식물, 생태공원을 모두 볼 수 있어 인기를 얻게 되었습니다. '어린이대공원'에는 동물원과 놀이공원 이외에도 식물원, 음악분수, 아리수 홍보관, 숲속의 무대, 체험교육시설인 서울상상나라 등과 같은 즐길 거리와 함께 산책로와 쉼터 등도 곳곳에 있습니다.

딱지치기

01. 다음 질문에 대답해 보세요.

1) 한국민속촌에서는 무엇을 체험할 수 있습니까?

2) 어린이 대공원은 무엇으로 인기를 얻게 되었습니까?

02. 맞으면 O, 다르면 X 하세요.

1) 어린이 대공원은 입장권이 무료이다. (　　　　)
2) 용인 민속촌은 인간사회의 민속을 테마로 하는 공원이다. (　　　　)
3) 어린이 대공원은 동물원이 인기가 있지만 식물원은 인기가 없다. (　　　　)
4) 용인 민속촌은 주제 기반 테마파크 중 가장 적합하지 않은 관광시설이다. (　　　　)

03. 여러분이 가고 싶은 테마파크에 대해서 소개해 보고 친구들과 이야기해 보세요.

- 여러분이 가고 싶은 테마파크는 어디예요?

〈테마파크 이름〉

• 어디에 있습니까?	
• 그 테마파크의 특징은 무엇입니까?	
• 그곳의 재미있는 탑승시설은 무엇이 있습니까? • 여러분은 어떤 탑승시설을 좋아합니까? • 왜 좋아합니까?	
• 친구들에게 추천할 만한 프로그램은 무엇입니까? • 추천하는 이유는 무엇입니까?	
• 그곳은 무엇이 맛있습니까? • 먹거리를 소개해 주세요.	
• 여러분은 그곳에 가면 가장 하고 싶은 것은 무엇입니까?	

세계 각국의 테마파크

다음은 세계 각국의 테마파크를 순위별로 소개한 것으로 순위는 입장객 수(2018년 기준)로 선정하였다[1]. 대부분의 유명한 테마파크는 도시와 도시근교에 위치한다. 이 중에서 매직킹덤, 디즈니랜드, 디즈니 애니멀 킹덤, 엡콧(EPCOT), 디즈니할리우드(MGM)스튜디오의 5곳이 월트 디즈니사가 운영하고 있다. 한국의 롯데월드와 에버랜드는 각각 17, 19위를 기록하였다.

1위 매직킹덤 • **위치:** 미국 플로리다 • **사업주체:** 월트 디즈니 • **개장연도:** 1971. 10 • **특징:** 디즈니월드의 첫 번째 파크	올랜드 디즈니월드의 매직킹덤이 1위이다. 연간 2천만 명이 방문하는 이곳은 앞으로도 1위 자리에서 내려오지 않을 듯하다.	 매직킹덤
2위 디즈니랜드 • **위치:** 미국 캘리포니아 • **사업주체:** 월트 디즈니 • **개장연도:** 1955. 07 • **특징:** 최초 가족지향적인 보는 위주의 시설	세계 최초의 디즈니랜드이니만큼 지속적으로 많은 사람들이 찾는 곳이다.	 디즈니랜드의 퍼레이드
3위 도쿄 디즈니랜드 • **위치:** 일본 도쿄 • **사업주체:** (주)오리엔탈랜드 • **개장연도:** 1983. 04 • **특징:** 매직 킹덤을 축소해서 들여온 형식	귀여운 것을 좋아하는 일본 사람들에게 오랫동안 사랑받아 온 테마파크이다.	 도쿄 디즈니랜드의 퍼레이드
4위 도쿄 디즈니씨 • **위치:** 일본 도쿄 • **사업주체:** (주)오리엔탈랜드 • **개장연도:** 2001. 09 • **특징:** 바닷물을 끌어들여 7개의 테마 항구를 꾸밈	바다를 테마로 하는 세계 최초이자 유일한 디즈니 테마파크이고, 파크 한가운데에 거대한 화산이 있어 이국적인 느낌을 준다.	 도쿄 디즈니씨

[출처] 정환 외(2016) 최신관광사업론 재구성
https://post.naver.com/viewer/postView.nhn?volumeNo=29426505&memberNo=41739456

1) 세계테마파크엔터테인먼트협회(TEA)와 글로벌 컨설팅업체 아에콤(Aecom)이 입장객 수를 기준으로 매년 발표하는 '세계 25대 놀이 · 테마파크(Top 25 Amusement · Theme Parks Worldwide)' 순위이다.

CHAPTER 09

국제회의 및 전시회

코엑스 무역센터 홍보영상(1:18~7:07)

1. 여러분은 서울 '코엑스'나 '킨텍스' 무역센터에 가 봤어요?
2. 그곳은 무엇을 하는 곳일까요?

생각하기

1. 여러분이 알고 있는 국제적 규모의 회의나 행사는 무엇이 있나요?
2. 여러분 나라에서 열린 국제적 차원의 중요한 회의와 모임을 소개해 보세요.

■ 어휘와 표현을 알아봅시다.

공공성 개인이 아닌 국가나 사회의 사람들과 관계되는 성질 예) 우체국 사업은 공공성이 강하다.	KOREA POST 우체국	**집회** 여러 사람이 어떤 목적을 위하여 일시적으로 모임	
청중 강연, 음악 등을 듣기위해 모인 사람들		**정기적 회의** 기간을 일정하게 정해서 매번 하는 회의	
교역 나라와 나라 사이에서 물건을 사고 팔며 서로 교환함		**공인된 단체** 국가나 사회 등으로부터 인정을 받은 단체	
회담 국가 대표나 공인 단체가 어떤 문제를 가지고 한자리에 모여서 토의 함		**공개토론회** 일반 사람이 들을 수 있도록 사람들 앞에서 하는 토론회	

01. (　　) 안에 알맞은 어휘를 골라 쓰세요.

회담	청중	교역	공공성	공개토론회

1) 가수의 노래에 (　　　　　　　)은 열광했다.
2) (　　　　　　　)이 강한 사업은 국가에서 운영한다.
3) 다음 달에 서울에서 세계평화를 주제로 국가 간의 대표가 (　　　　　　　)을 열기로 했다.
4) 공개적으로 사람들 앞에서 '사형제도 폐지'에 대한 토론을 하는 (　　　　　　　)가 열렸다.
5) 북한과의 곡물이나 물자를 (　　　　　　　)하는 것은 통일을 앞당기는 데 도움을 줄 수 있다.

■ 어휘와 표현을 알아봅시다.

<table>
<tr><td>정치
나라를 다스리는 일</td><td></td><td>B2B
기업과 기업 사이의 비즈니스 모델</td><td>
</td></tr>
<tr><td>외교
다른 나라와 관계를 가지는 일</td><td></td><td>B2C
하나의 기업이 다수의 개인을 상대하는 비즈니스 모델</td><td>
</td></tr>
<tr><td>대회 개최권
대회를 열수 있는 권한</td><td>
</td><td>참관객
어떤 곳에 참가해서 보는 고객</td><td></td></tr>
<tr><td>지방자치단체
지방행정을 자체적으로 관할하는 단체</td><td>
</td><td>바이어
소비자와 비슷한 의미이고, 다른 점은 대량으로 구매하거나 업체 간 거래하는 사람</td><td>
</td></tr>
</table>

02. (   ) 안에 알맞은 어휘를 골라 쓰세요.

정치	외교	B2B	B2C	바이어

1) 정치가들이 (   )를 잘해야 국민들이 편안하다.
2) 수출 업체는 (   )의 첫 만남에서는 수출이 이루어지기 어렵기 때문에 상품 홍보를 철저히 준비해야 한다.
3) 그는 국가의 이익을 위해 평화적 방법으로 외국과의 관계를 발전시키는 (   ) 전문가이다.
4) 화장품 회사 ㈜아모레퍼시픽은 (   ) 비즈니스 모델로 일반 소비자를 대상으로 화장품을 판매하고 있다.
5) 화화장품 회사 ㈜코스맥스는 (   ) 비즈니스 모델로 회사를 대상으로 화장품을 만들어 판매하기 때문에 일반 사람들에게 잘 알려져 있지 않다.

Chapter 09

국제회의 및 전시회

제1절 국제회의산업의 개요

1. 국제회의산업의 정의

국제회의는 정부와 공인된 단체가 정기적 또는 비정기적으로 최소한 3개국 이상의 각 나라의 대표가 참가하는 회의를 의미한다. 국제회의는 컨벤션, 콩그레스 등 다양하게 불리며 그 범위도 명확히 구분할 수 없다. 보통 컨벤션(convention)은 국제회의(international convention)를 말한다. 일반적으로 사용되어 왔던 컨벤션의 개념은 처음에는 국내회의를 의미했지만, 국제간의 교류가 증가하면서 국제회의까지 포함하게 되었다. 최근에는 단순한 기업 · 단체회의뿐만 아니라 전시회나 박람회, 이벤트, 교역 등을 포함하는 넓은 범위의 개념으로 사용되고 있다.

최근 세계적으로 국제회의 참가자가 계속 증가하고 있다. 국제회의업은 기존의 딱딱한 분위기의 회의를 지양하고 부드럽고 매력적인 분위기로 변화하고 있으며 점점 더 이벤트적인 요소를 가미하고 있다. 이러한 변화는 긍정적으로 보고 있다. 따라서 국제회의산업을 이벤트산업에 포함시키기도 하고, 넓게는 관광산업의 한 분야로 보기도 한다.

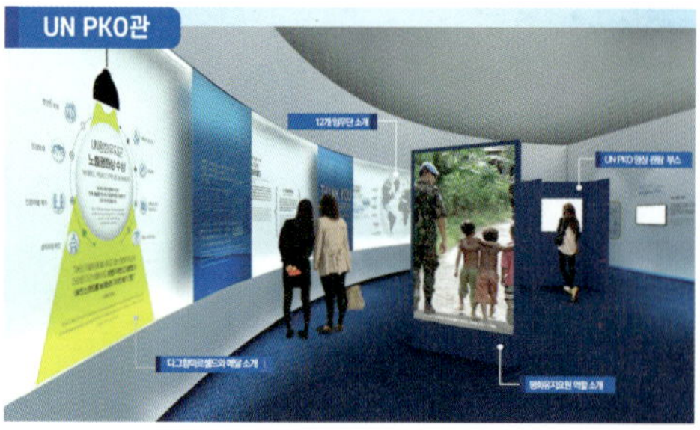

2021 서울 유엔 평화유지 특별전시회

마이페어 일본 오사카 코스메 박람회 2022

2. 국제회의산업의 특성

국제회의산업은 첫째, 공공성이 크다. 국제회의는 국가 간 협력관계의 회의이기 때문에 컨벤션 개최에 앞서 그 나라의 허가를 받아야 한다. 둘째, 공익성과 기업성의 양면성이 있다. 공익성은 정치 · 사회 · 문화 등 사회 전반적으로 국가의 이익을 먼저 생각하는 것이고 민간 부분에서 개최되는 국제회의는 공익성보다는 개별 기업의 이윤을 중요하게 생각한다. 셋째, 복합성이 있다. 국제회의를 유치하고 운영하는 곳은 국가관광기구(문화체육관광부), 실무적 집행기구(한국관광공사) 그리고 상품을 공급하는 민간기업 등이 복합적으로 참여하여 이루어진다(안대희 외, 2013:269-273).

[그림 9-1] 국제회의 산업의 특성

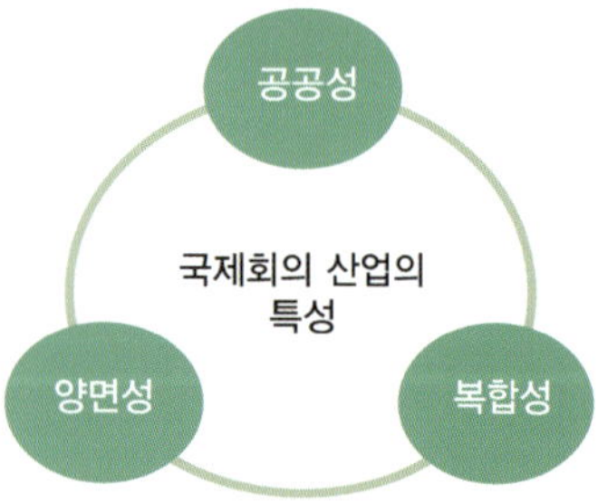

01. (　　) 안에 알맞은 어휘를 쓰세요.

> 국제회의는 (　　　　　　　　)가 정기적 또는 비정기적으로 최소한 3개국 이상의 (　　　　　　　　)가 참가하는 회의를 말한다.

02. 맞으면 O, 다르면 X 하세요.

1) 최근에는 국제회의에 전시회나 박람회, 이벤트, 교역 등이 포함되지 않는다. (　　)
2) 국제회의의 용어는 국제회의, 컨벤션, 콩그레스 등 다양하게 사용되고 있다. (　　)
3) 컨벤션은 국내회의의 의미로 사용되다가 차츰 국제회의까지 포함하게 되었다. (　　)

3. 국제회의의 유형별 분류

1) 국제회의의 규모별 유형

다음은 국제회의의 규모에 따라 3가지로 분류한 표이다. 국제회의 분류는 아래 〈표 9-1〉과 같이 참가 인원과 회의 종류에 따라 국제회의 규모가 달라진다.

〈표 9-1〉 규모별 국제회의의 유형

구분	종류	특징
대규모	전시회, 박람회, 스포츠행사, 올림픽 등	3,000명 이상
중규모	국제협회회의, 세미나, 학술회의 등	500~3,000명
소규모	지역적인 국제회의, 정보 · 학술회의, 세미나 등	500명 미만

[출처] 김기홍 외(2019:115) MICE경영과마케팅

2) 국제회의의 내용별 유형

회의는 내용에 따라 미팅, 컨벤션, 컨퍼런스, 콩그레스, 포럼, 심포지엄, 패널토의, 워크숍 등과 같이 분류된다. 이러한 분류는 참가자의 수, 프레젠테이션의 유형, 참가청중의 수, 회의의 형식에 따라 나누어진다(김성혁, 1995:23-25, 한국관광공사, 1997:8).

(1) 회의(meeting)

회의는 모든 종류의 모임을 뜻하고, 가장 넓은 의미의 용어이다.

(2) 컨벤션(convention)

컨벤션은 우리가 가장 흔하게 볼 수 있는 회의 종류이고 정기적으로 열리는 것이 보통이다. 컨벤션 회의의 목적은 정보전달이고 전시회와 행사(문화, 스포츠 이벤트)가 포함되기도 한다.

연구산업 컨퍼런스
[출처] 대한민국 구석구석

(3) 컨퍼런스(conference)

컨퍼런스는 컨벤션과 같은 의미인데 컨벤션에 비해 토론할 시간을 많이 준다. 특별 주제(과학 · 기술 · 학문분야

의 새로운 지식습득 및 특정 문제점 연구를 위한 회의)가 많고 컨벤션보다 규모가 크고 보통 연구자들이나 과학자들이 많이 사용하는 회의이다.

4) 콩그레스(congress)

콩그레스도 컨벤션과 같은 의미로 유럽 쪽에서 국제적인 회의를 설명할 때 사용하는 국제규모의 회의이다. 주로 대표자들의 회담, 집회 등을 뜻하며 본 회의와 사교행사 또는 관광행사가 동반되는 큰 행사이다.

5) 포럼(forum)

포럼은 전문가들이 사회자의 주도하에 청중 앞에서 벌이는 공개토론회이다. 심포지엄에 비해 청중이 자유롭게 의견을 이야기할 수 있으며 사회자가 의견을 종합한다.

6) 심포지엄(symposium)

심포지엄은 제시된 주제에 대해 전문가들이 청중들 앞에서 벌이는 공개토론회로서 포럼과 비슷하다. 포럼에 비해 형식을 갖추고 있으며 청중의 질문 기회도 적다.

7) 패널[1)]토론(panel discussion)

패널토론은 청중 앞에서 2~8명의 서로 다른 분야의 전문가들(패널)이 나와 의견을 발표하는 토론회이다. 청중도 자신의 의견을 제시할 수 있다. 패널 대 청중, 패널 대 패널의 토론을 할 수 있다. 패널 토론의 특징은 전문가의 발표 비중이 높아 청중의 기회가 적다는 면에서 심포지엄과 비슷하며, 청중에게 의견발표 기회를 준다는 점에서 포럼과 비슷하다.

8) 워크숍(workshop)

워크숍은 회의의 한 부분으로 열리는 짧은 교육프로그램으로 소규모 집단의 일반회의다. 30~35명 정도의 적은 인원이 특정 문제나 새로운 지식, 기술, 아이디어 등을 서로

---

1) '패널' 뜻은 토론에 참여해서 자신의 의견을 말하거나 방송 프로그램 등에서 사회자를 돕는 사람을 말한다. 예를 들어 정부의 부동산 정책을 발표하게 되면 TV 프로그램 등에서 사회자와 각 부동산 분야 전문가들이 출연하여 토론하고 의견을 말하는데 이때 출연한 부동산 전문가들을 '패널'이라 할 수 있다.

교환하는 회의이다.

9) 텔레컨프런스(teleconference)

텔레컨프런스는 통신을 이용하여 화면으로 서로 얼굴을 보면서 진행하는 회의를 말한다. 화상회의는 여행의 비용, 시간 등의 경비를 아낄 수 있는 장점이 있으며 화상회의, 비디오 컨퍼런스, 텔레컨퍼런스라고도 한다.

텔레컨프런스

03. 다음 내용에 알맞은 국제회의의 유형을 쓰세요.

• 모든 종류의 모임을 뜻하고 가장 넓은 의미의 용어이다.	• 컨벤션과 비슷한 의미로 유럽 쪽에서 주로 사용되는 용어로 참가자 수가 수천 명에 이르는 국제 규모의 큰 행사이다.

04. 관계있는 것끼리 연결해 보세요.

1) 컨벤션보다 규모가 크고 과학이나 기술 등 특정 연구분야 회의에서 사용된다. •
2) 우리가 가장 흔하게 볼 수 있는 회의 종류이고 정기적으로 열리는 것이 보통이다. •
3) 포럼과 비슷하지만 포럼보다 형식이 있는 회의이고 청중의 질문 기회도 적다. •
4) 전문가들이 청중 앞에서 이야기하는 공개토론회이고 청중이 자유롭게 참여할 수 있다. •

• 컨벤션
• 컨퍼런스
• 포럼
• 심포지엄

제2절 전시회의 개요

1. 전시회의 개념

1) 전시회의 정의

전시회(exhibition, 익스비션)는 일반적으로 어떤 상품(제품, 기술, 서비스)을 특정한 장소(전시장)에서, 일정 기간(전시기간) 동안, 방문객(구매자)과 참가업체(판매자) 간에 상품 판매와 홍보 등을 목적으로 진행되는 행사이며 '박람회', '전람회'라고도 한다.

기업과 소비자가 직접 만날 수 있으며, 다양한 정보 교류와 브랜드 홍보 등이 합쳐진 종합 마케팅 활동이다. 전시회는 경제적 목적의 상업활동이고 컨벤션, 컨퍼런스의 한 부분으로 열리기도 한다.

국제회의는 정치 · 외교 및 이와 비슷한 회의를 제외하고 대개의 경우 전시회를 개최한다. 이렇게 전시회를 개최하는 목적은 전시회를 통해 회의주제와 관련된 문제들에 대한 이해와 체험 또는 제품에 대한 지식을 넓히고, 전시참가 업체는 제품 · 기술 등을 홍보하는 데 있다.

2) 전시회의 필수 구성요소

전시회는 전시주최자, 전시참가 업체, 참관객, 전시장으로 구성된다.

(1) 주최자(Organizer)

전시회를 기획 · 진행 등 전반적인 업무를 관리하고 책임을 지는 업체이다. 일명 P.O.M (Planning, Organizing, Management)이라고 한다.

(2) 참가기업(Exhibitor)

상품이나 제품, 기술과 서비스를 가지고 각종 전시회나 박람회에 출품하는 기업, 단체, 개인 등을 말한다.

(3) 관람객/참관객(Audiences)

참관객은 바이어(전문참관객, 거래를 주목적으로 함)와 일반참관객(개인적 관심, 정보획득이 목적)으로 나눌 수 있으며 전시회에 찾아오는 모든 사람을 의미한다.

(4) 전시장(Exhibition Center)

주최자, 참가기업, 참관객이 모여 전시회를 열 수 있는 공간이다.

05. 다음 설명으로 알맞지 않은 것을 고르세요.

① 전시회는 전람회, 박람회라고도 한다.
② 전시회는 경제적 목적의 상업활동이 아니다.
③ 컨벤션, 컨퍼런스의 한 부분으로 전시회가 열리기도 한다.

06. 전시회의 필수 구성요소를 쓰세요.

(, , ,)

2. 전시회의 구분

무역전시회와 엑스포가 특정 산업분야의 전문제품 또는 서비스를 전시한다면 일반전시회는 다양한 산업분야의 일반 소비상품 및 서비스를 전시한다. 혼합전시회는 무역전시회와 일반전시회가 혼합된 형태를 의미한다.

1) 엑스포(Exposition)

① BIE 승인 필요 '세계박람회기구(BIE)'로부터 개최권을 획득해야 엑스포 개최가 가능하다. 박람회는 엑스포지션(exposition)의 앞글자를 딴 엑스포(EXPO)를 번역한 것이다.

② 4~5년마다 3~6개월 정도의 장기간 개최: 현재 0과 5로 끝나는 연도에 개최되고 월드엑스포는 5년마다 열리며 인정엑스포가 그 중간에 1회 개최되고 있다.

③ 국가나 지방자치단체에서 주최: 중앙정부의 승인과 지원 없이 지방정부 단독으로

는 불가능하다.

④ **분야별 구성**: 산업 · 환경 · 해양.

예) 대전엑스포, 도자기 엑스포 등이 있다.

⑤ **국가 기업의 이미지 홍보**: 엑스포 개최를 통해 국가 이미지와 국가 브랜드가치를 높이는 효과를 가져온다.

2) 무역전시회(Trade show, trade fair)

① **B2B 대상의 전시회**: B2B(business-to-business, 기업 대 기업 사이의 거래) 기업체의 가장 강력한 마케팅 및 홍보수단이다.

② **참관객**: 바이어 중심, 일반참관객 입장은 제한적이다.

③ **전시 품목**: 특정 산업분야의 전문상품 또는 서비스 품목이다.

예) 세계 원료의약품 전시회 등

④ **순수한 상업적 행사**: 주요목적은 상품을 판매하는 데 있다.

3) 대중전시회(Pubic show, Consumer show)

① **B2C 대상의 전시회**: B2C(Business to Consumer, 기업과 소비자간 거래) 국내 업체를 대상으로 전시회를 개최한다.

예) 웨딩페어, 하우징페어, 애견박람회 등

② **참관객**: 소비자 중심으로 일반 대중에게 개방한다.

③ **전시 품목**: 다양한 산업분야의 일반 소비상품 및 서비스가 있다.

4) 혼합전시회(Combined show, Mixed show)

① Trade show + Consumer Show: 무역전시회와 대중전시회가 혼합된 형태로 국내 전시회의 많은 수가 해당한다. 점점 전시회의 형태가 혼합전시회로 가는 경향이 있다.

② **참관객**: 바이어와 일반 대중 모두에게 개방된다.

③ **전시품목**: 무역전시회와 대중전시회의 복합적 성격의 상품 및 서비스가 있다.

3. 국내 전시장의 현황

다음은 한국의 대표적인 전시회장이며 개최 순 비중을 보면 킨텍스, 코엑스, 벡스코 순으로 개최가 많이 이루어졌다.

〈표 9-2〉 국내 전시장 현황

지역	시설명
경기도	킨텍스(KINTEX)
서울특별시	코엑스(COEX)
부산광역시	벡스코(BEXCO)
제주특별자치도	제주국제컨벤션센터(ICC JEJU)

[출처] 한국관광공사 2021

이외에도 각 지역별로 인천(송도컨벤시아), 대구(EXCO), 대전(KOTREX), 광주(김대중컨벤션센터) 등 14개의 주요 전시장이 운영되고 있으며, 19년 3월에 수원켄벤션 센터가 설립되었다.

킨텍스(KINTEX)

벡스코(BEXCO)

07. (   ) 안에 알맞은 어휘를 골라 쓰세요.

대중전시회	무역전시회	혼합전시회

(   )가 특정 산업분야의 전문제품 또는 서비스를 전시한다면,
(   )는 다양한 산업분야의 일반 소비상품 및 서비스를 전시한다.
(   )는 무역전시회와 일반전시회가 혼합된 형태를 의미한다.

08. 다음 설명으로 알맞지 않은 것을 고르세요.

① 엑스포는 국가나 지방자치단체에서 주최한다.
② 엑스포는 국가 기업의 이미지 홍보효과를 가져온다.
③ 세계박람회기구로부터 개최권이 없어도 엑스포 개최가 가능하다.

09. 맞으면 O 틀리면 X 하세요.

1) 대중전시회는 기업과 소비자간 거래이다. (   )
2) 무역전시회는 기업 대 기업 사이의 거래이다. (   )
3) 웨딩페어, 하우징페어, 애견박람회는 무역전시회이다. (   )

국제회의 유치의 중요성

1. 경제적 효과

국제회의 참가자들은 장기간 체류한다. 이들은 회의기간 중 또는 회의 전후에 국내관광과 쇼핑 등을 하는데 일반관광객에 비해 많은 소비를 하기 때문에 교통·항공·숙박·유흥업 등 관광과 관계가 있는 사업 발전에도 큰 영향을 준다.

일반관광객의 한국 여행 일정은 평균 4박 5일인데, 국제회의 참가자는 보통 7일 이상 되고, 평균적으로 소비하는 금액은 미화 2,488달러로 일반관광객의 2.8배 이상이 되는 등 '국제회의' 유치의 경제적 효과는 크다. 국제회의 산업은 비수기가 없어 일반 관광객이 없는 비수기에도 수익을 낼 수 있다는 장점이 있다.

2. 정치·외교적 효과

국제회의 참가자의 대부분은 해당 분야에서 영향력이 큰 지도급 사람들이다. 그러므로 그들과 관련된 단체 및 사람들과도 만날 수 있는 기회가 되므로 국가홍보 효과 및 국제적 영향력을 높일 수 있는 기회가 된다.

3. 사회·문화적 효과

개최지의 지역 교통망과 숙박시설의 확대, 공항·항만시설이 정비 등을 통해서 지역의 생활환경이 좋아지게 된다. 또한 시민의식이 높아지는 긍정적인 면도 있다.

국제회의 분야가 하나의 '산업'으로 가장 먼저 정착한 곳은 유럽이다. 국제기구 본부의 65%가 있는 유럽은 전 세계 국제회의의 약 58%를 개최하는 등 세계 컨벤션산업의 중심지가 되어 왔다. 하지만 최근 세계적으로 국제회의 개최는 매년 증가하고 있는데, 기존의 구미(유럽과 미국)지역 중심에서 벗어나 점차 아시아지역에서의 개최지 선정이 활발해지고 있다.

도시/국가별 국제회의 건수 및 순위

순위	국가	2019년	2018년	순위	도시	2019년	2018년
1	싱가포르	1,205	1,238(1)	1	싱가포르	1,205	1,238(1)
2	한국	1,113	890(2)	2	브뤼셀	963	734(2)
3	벨기에	1,094	857(3)	3	서울	609	439(3)
4	미국	750	616(4)	4	파리	405	260(6)
5	일본	719	597(5)	5	비엔나	325	404(4)

[출처] UIA

01. 다음 내용에 해당하는 국제회의의 효과를 쓰세요.

1) 영향력이 큰 지도급 사람들과 만나면서 개최국에 대해 긍정적 홍보효과를 줄 수 있다. (　　　　　　　　)

2) 회의 참가자들은 일반 관광객에 비해 소비가 많아 개최국에 큰 이익을 준다. (　　　　　　　　)

3) 개최지의 문화발전과 시민의식이 높아진다. 회의진행에 필요한 공항·항만시설 등을 통해서 지역의 생활환경이 좋아진다. (　　　　　　　　)

02. 이 글의 내용과 다른 것을 고르세요.

① 한국은 2019년에 국제회의 개최 2위를 차지했다.
② 국제회의 분야가 하나의 '산업'으로 가장 먼저 정착한 곳은 아시아이다.
③ 개최지 선정은 구미지역 중심에서 벗어나 점차 아시아지역이 활발해지고 있다.

03. 여러분 나라의 국제차원의 중요한 회의와 모임을 소개해 보세요.

1) 어떤 행사가 있었습니까?

2) 행사 날짜와 장소는 어디였습니까?

3) 어떤 사람들이 참석했습니까?

4) 행사 내용을 써 보세요.

5) 행사의 긍정적 효과는 무엇이 있었습니까?

재미있는 상식 한 가지!
한국 최초의 박람회(EXPO) 참가 연도는?

최초의 세계 박람회는 1851년 영국에서 열린 런던 세계박람회이다. 당시에는 한창 산업혁명이 일어나고 있던 시대여서 기계관이 가장 인기를 끌었다고 한다. 런던세계박람회, 파리만국박람회, 시카고 박람회는 당시 최고의 문화교류 현장이기도 했다. 초기 엑스포는 당대 신제품과 발명품이 최초로 소개되는 무대가 되었다.

한국에서는 고종황제 시절인 1889년 파리만국박람회에 최초로 참여했고 그때 출품한 것은 갓, 모시, 돗자리, 가마 등이었다. 공식적으로는 4년 후인 1893년 미국의 시카고 박람회에 처음 참가하게 되었다. 직물류, 원피 그리고 모피, 녹각, 사냥도구, 가정용품, 보석류, 도자기류, 골동품, 가마 등이 전시된 것으로 기록되어 있다.

갓

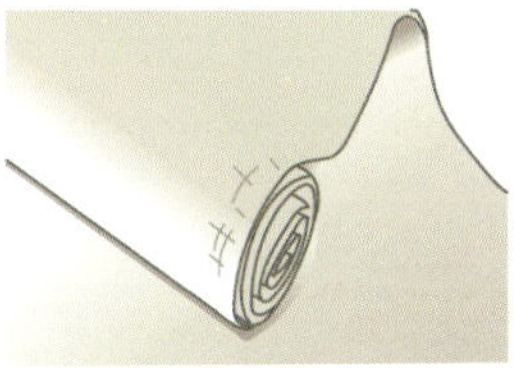
모시

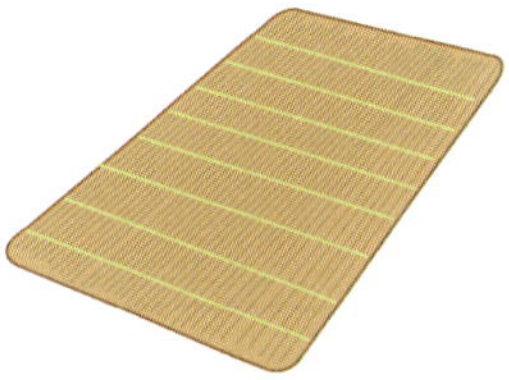
돗자리

가마

도자기

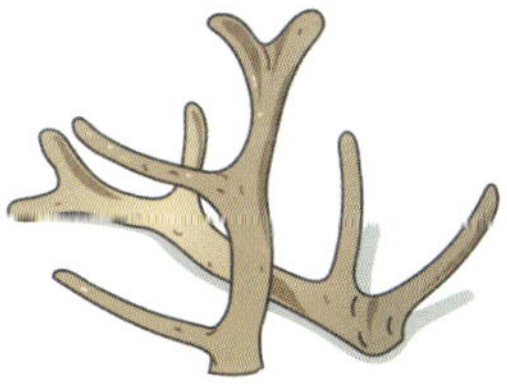
녹각

이어서 한국은 1900년에 개최된 파리 세계박람회에 참가했다. 그 이후 일본의 식민지배와 한국전쟁 등을 겪으면서 얼마 동안 세계 박람회 참가를 중단했으나 1962년 미국 시애틀 박람회를 계기로 다시 참가하기 시작했다.

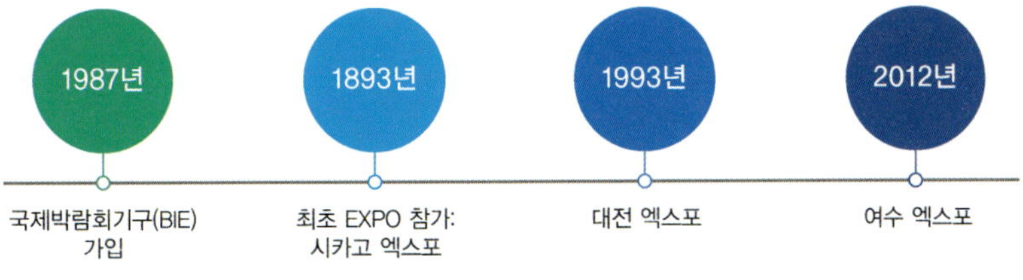

한국은 1893년 시카고 박람회에 처음 참가한 후 100년 후인 1993년 전문엑스포에 해당하는 대전 엑스포를 개최하였다. 이후 여수에서 2012년에 다시 한번 전문엑스포를 개최하면서 우리나라는 총 2번의 전문엑스포를 개최한 국가가 되었다.

CHAPTER 10

카지노업

한국카지노업관광협회(0:00~4:55)

1. 카지노 산업이 사회에 주는 긍정적인 면은 무엇이 있나요?
2. 카지노 산업이 사회에 미치는 부정적인 면은 무엇이 있나요?

생각하기

1. 여러분이 알고 있는 카지노 게임의 종류를 이야기해 보세요.
2. 여러분은 카지노 게임 중 어떤 것을 해보고 싶어요?

■ 어휘와 표현을 알아봅시다.

<table>
<tr><td>고부가가치 산업
투자금과 비교해서 수익이 높은 산업
예) 아쿠아펫 관상어 고부가가치 수출</td><td></td><td>문화체육관광부
중앙행정기관의 하나
(문화, 체육, 관광 담당)</td><td>문화체육관광부
Ministry of Culture, Sports and Tourism</td></tr>
<tr><td>폐광지역
광물(석탄, 금, 은 등)을 캐는 일을 중지한 지역</td><td></td><td>제주도지사(oo도지사)
제주도의 행정사무를 보는 가장 높은 위치의 단체장</td><td>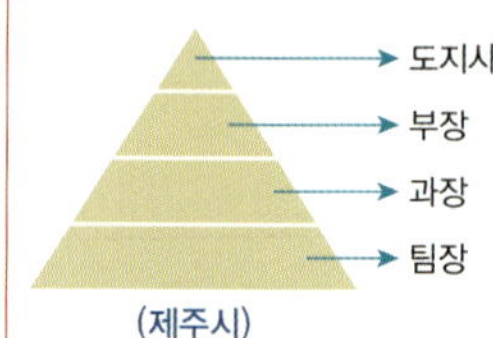</td></tr>
<tr><td>오락시설
기분을 즐겁게 하는 시설, 연회장</td><td></td><td>천재지변
지진, 홍수, 태풍 등 자연재해</td><td></td></tr>
<tr><td rowspan="4">[대한민국행정구역]
특별시 · 광역시 · 도 · 특별자치도</td><td>특별시(1개) :</td><td>서울특별시</td><td rowspan="4"></td></tr>
<tr><td>광역시(6개) :</td><td>상급 지방자치단체의 하나
(인천, 대전, 대구, 부산, 울산, 광주)</td></tr>
<tr><td>도(8개) :</td><td>경기도, 강원도, 충청남도, 충청북도, 전라남도, 전라북도, 경상남도, 경상북도</td></tr>
<tr><td>특별자치도(1개) :</td><td>제주특별자치도</td></tr>
</table>

01. 알맞은 단어를 골라 쓰세요.

광역시	폐광지역	오락시설	천재지변	고부가가치 산업

1) 예전에 석탄을 캐던 곳인 ( )을 이용해 관광상품을 만들기도 한다.
2) 그 지역은 계속되는 지진이나 홍수 등 ( )으로 인한 자연재해가 자주 발생한다.
3) 크루즈에는 숙박시설, 운동시설, 편의시설, ( ) 등이 잘 갖추어져 있다.
4) '아쿠아펫'처럼 투자비용은 적지만 수익은 많은 사업을 ( )이라고 한다.
5) 한국의 6개의 ( )에는 인천, 대전, 대구, 부산, 울산, 광주가 있다.

■ 어휘와 표현을 알아봅시다.

세수증대 국민에게 세금을 받아서 얻는 정부의 수입 예) 인구가 갑자기 늘어나서 세수가 급격히 증가했다.		**도박 빚** 도박으로 빌린 돈	
고용창출 새로운 일자리가 생기는 환경을 만들고 직장이 없는 사람을 취직시킴		**도박 중독증** 도박에 빠져서 도박을 그만두지 못하는 증상	
경제적 파급 경제적으로 주는 영향이 차차 다른 데로 미침 예) 올림픽 개최는 국가경제에 미치는 경제적 파급효과가 크다.		**사행사업** 경마(말 경주), 복권(lotto), 경륜(자전거 경주)과 같이 돈을 쉽게 얻을 것을 기대하게 하는 사업	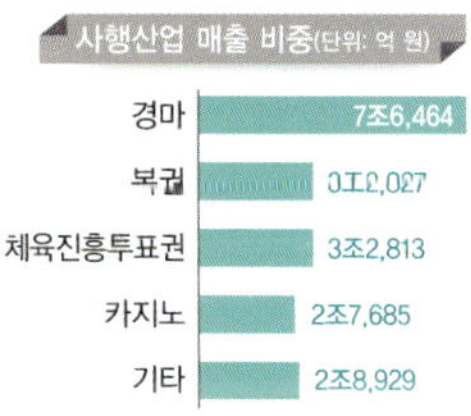
소셜카지노 현실 카지노에서 즐길 수 있는 게임을 소셜미디어(SNS) 등으로 즐길 수 있는 게임을 의미함		**외화가득률** 한 나라의 총수출액 중 실제로 얻은 순수한 이익률	

02. 알맞은 단어를 골라 쓰세요.

세수증대	사행사업	고용창출	도박 중독증	외화가득률

1) (　　　　　　　)에 걸리면 도박을 쉽게 그만두지 못한다.
2) (　　　　　　　)에는 복권, 경마, 경륜과 같은 사업이 있다.
3) 정부는 (　　　　　　　)를 위해 국민들에게 세금을 더 부과했다.
4) 기업이 많아지면 일자리가 생기기 때문에 (　　　　　　　)이 된다.
5) TV, 자동차, 반도체, 카지노 사업 중에서 (　　　　　　　)이 가장 높은 것은 카지노사업이다.

Chapter 10

카지노업

제1절 카지노 산업의 개요

1. 카지노산업의 정의와 역사

1) 카지노의 정의

(1) 일반적 의미

사전적 의미로는 음악, 댄스, 쇼 등 여러 가지 오락시설을 갖춘 실내 도박장으로 정의하고 있다. 카지노(Casino)는 도박, 음악, 쇼, 댄스 등 여러 가지의 오락시설을 갖춘 연회장이라는 의미의 이탈리아어 카자(casa)가 어원이다. 르네상스시대의 귀족이 소유하고 있던 사교나 오락용(댄스, 당구, 도박 등) 별장을 뜻했으나, 지금은 해변, 온천, 휴양지 등에 있는 게임장을 의미한다. 사교나 여가 활동을 위한 공간으로서 주로 전문 겜블링(Professional Gambling)이 이루어지고 동시에 다양한 볼거리, 즐길 거리를 제공하는 장소로 변화하고 있다.

(2) 법률적 의미

한국의 카지노업은 1994년에 관광진흥법이 바뀌면서 관광사업의 한 종류가 되었다. 관광진흥법에서는 카지노업을 "전문 영업장을 갖추고 주사위, 트럼프, 슬롯머신 등 특정한 기구 등을 이용하여 우연의 결과에 따라 특정인에게 재산상의 이익을 주고 다른 참가자에게 손실을 주는 행위 등을 하는 업"으로 정하고 있다. 여기는 외국인만 입장할 수 있다.

2) 국내 카지노 산업의 역사

한국은 외국인 관광객 유치를 위해 1967년에 인천 올림포스호텔 카지노를 최초로 만들었다. 이후 서울, 제주, 인천, 부산, 대구에 외국인을 대상으로 한 카지노들이 생겨났다. 그리고 1995년 폐광으로 쇠퇴해진 강원도 태백시의 지역경제를 살리기 위한 '폐광지역 개발지원에 관한 특별법'이 통과되면서 2000년에 한국인 출입이 가능한 '강원랜드'가 강원도에 생겼다.

그 후 2006년에 한국관광공사의 GKL(외국인전용 카지노 세븐럭을 운영하는 기업)이 서울과 부산에 새로운 카지노를 개장하면서 현재 한국에는 외국인 전용 카지노 16곳과 한국인 출입이 가능한 카지노 1곳(강원랜드)을 포함해 총 17곳의 카지노가 운영되고 있다.

한국관광공사의 GKL(세븐럭 카지노 강북힐튼점)

강원랜드 카지노

[출처] 대한민국 구석구석

01. 다음 카지노에 대한 설명으로 알맞지 않은 것을 고르세요.

① 사교나 여가활동을 하는 공간이기도 하다.
② 오락시설을 갖춘 연회장이라는 의미의 카자(casa)가 어원이다.
③ 볼거리, 즐길 거리가 없는 겜블링만 하는 장소로 변화하고 있다.
④ 특정인에게 이익을 주고 다른 참가자에게 손실을 주는 산업이다.

2. 카지노 산업 관련 법규 및 운영

1) 카지노업의 허가관청

관광진흥법 제5조에 따라 카지노업을 경영하려는 자는 문화체육관광부에서 정한 시설과 기구를 갖추어 허가를 받아야 한다. 단, 제주특별자치도에서 외국인 전용 카지노업을 경영하려는 자는 제주도지사의 허가를 받아야 한다.

〈표 10-1〉 **카지노업의 허가관청**

▪ 법 제5조 (허가) 카지노업의 허가관청은 '문화체육관광부장관'이며, 카지노업을 경영하려는 자는 문화체육관광부령으로 정하는 시설과 기구를 갖추어 문화체육관광부장관의 허가를 받아야 한다. 예외) 제주도. 제주지역 외국인전용카지노업은 제주도지사의 허가를 받아야 한다.

2) 허가의 종류

카지노 허가의 종류는 신규허가, 변경허가, 조건부 영업허가가 있다. 처음 카지노업을 시작하려는 사람은 신규허가를 받아야 한다. 카지노업의 허가를 받은 사항 중에서 중요한 사항을 변경하고자 할 때는 변경허가를 받아야 하고, 가벼운 사항을 변경할 때는 변경신고만 하면 된다. 카지노업을 허가할 때 부득이한 사정이 인정되는 경우 조건부로 허가를 받을 수 있다.

〈표 10-2〉 **카지노업의 조건부 영업허가**

▪ 법 제24조 (조건부 영업허가) ① 문화체육관광부장관은 카지노업을 허가할 때 1년 이내 (부득이한 사정이 있다고 인정되는 경우에는 1회에 한해 6개월이 넘지 않는 범위 내에서 그 기간을 연장할 수 있음)에 법 규정에 따른 시설 및 기구를 갖출 것을 조건으로 허가할 수 있다. 다만, 천재지변이나 그 밖의 부득이한 사유가 있다고 인정하는 경우에는 해당 사업자의 신청에 따라 한 차례에 한하여 6개월을 넘지 않는 범위에서 그 기간을 연장할 수 있다. ② 문화체육관광부장관은 허가를 받은 자가 정당한 사유 없이 조건을 이행하지 않으면 문화체육관광부장관은 허가를 취소해야 한다.

[출처] 신동숙 외(2020:130~132) 관광법규의 이해

02. ( ) 안에 알맞은 어휘를 쓰세요.

카지노업을 허가하는 관청은 (   )이다. 제주도 외국인전용 카지노업은 (   )의 허가를 받아야 한다.

03. ( ) 안에 알맞은 어휘를 골라 쓰세요.

신규허가	변경허가	조건부영업허가

1) 카지노를 새로 경영하려는 사람은 (   )를 받아야 한다.
2) 카지노 허가를 받은 내용 중에서 중요한 사항을 다시 변경하려면 (   )를 받아야 한다.
3) 카지노업을 허가할 때 1년 이내에 법 규정에 따른 시설 및 기구를 갖출 것을 조건으로 (   )를 할 수 있다.

3) 허가요건 및 허가제한

문화체육관광부장관은 카지노업의 허가신청을 받으면 다음의 어느 하나에 해당하는 경우에만 허가할 수 있다.

첫째, 카지노업 허가신청을 할 수 있는 시설은 관광숙박업 중 호텔이어야 한다. 호텔의 위치는 국제공항 또는 국제선 여객터미널이 있는 특별시 · 광역시 · 도 및 특별자치도 안에 있거나 관광특구 안에 있어야 한다. 그리고 호텔 등급은 그 지역에서 최상급의 호텔(특1등급)이라야 한다. 다만 최상급 호텔이 없으면 그다음 등급의 호텔(특2등급)만 허가가 가능하다.

둘째, 요건이 맞는 국제회의시설의 부대시설 안에서도 카지노업 허가를 받을 수 있다.

셋째, 한국과 외국을 왕래하는 2만 톤급 이상의 국제여객선 안에서도 조건에 적합한 경우 카지노업 허가를 받을 수 있다.

〈표 10-3〉 카지노업의 허가요건과 허가제한

▪ 법 제21조 (허가요건 등)

① 문화체육관광부장관은 카지노업의 허가신청을 받으면, 다음 각 호의 어느 하나에 해당하는 경우에만 허가할 수 있다

1. 국제공항, 국제여객터미널이 있는 특별시 · 광역시 · 도 · 특별자치도(이하"시 · 도"라한다)에 있거나, 관광특구에 있는 관광숙박업 중 호텔업시설(관광숙박업의 등급 중 최상등급을 받은 시설만 해당하며, 시 · 도에 최상 등급의 시설이 없는 경우에는 그 다음 등급의 시설만 해당한다) 또는 대통령령으로 정하는 국제회의시설의 부대시설에서 카지노업을 하려는 경우로서 대통령령으로 정하는 요건에 맞는 경우
2. 우리나라와 외국을 왕래하는 여객선에서 카지노업을 하려는 경우로서 대통령령으로 정하는 요건에 맞는 경우

② 문화체육관광부장관이 공공의 안녕, 질서유지 또는 카지노업의 건전한 발전을 위하여 필요하다고 인정하면 대통령령으로 정하는 바에 의하여 카지노업의 허가를 제한할 수 있다.

[출처] 신동숙 외(2020:130~132) 관광법규의 이해

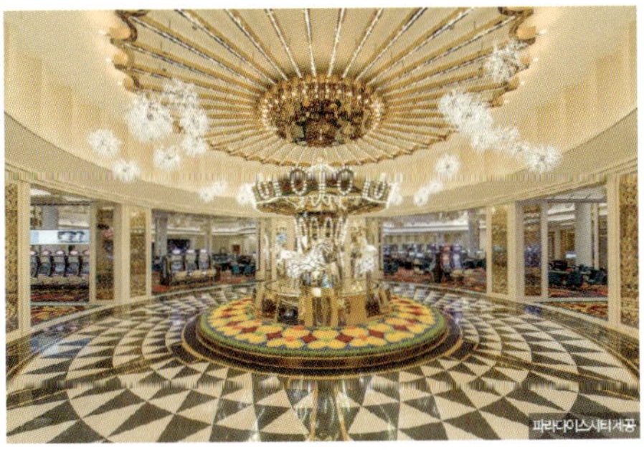

파라다이스 호텔 카지노(Par-A-Dice Hotel)

선상카지노(allure of the seas: 세계 최고의 카지노 유람선 크루즈 중 하나)

[출처] 대한민국 구석구석

04. 카지노업의 허가대상이 아닌 곳은 어디인지 고르세요.

① 국제 여객선
② 최상등급을 받은 호텔
③ 국제회의시설의 부대시설
④ 공공의 안녕과 질서유지가 필요한 곳

제2절 카지노산업의 전망과 현황

1. 카지노산업의 전망

1) 카지노의 긍정적 전망

카지노를 지역개발 또는 세수증대의 방법으로 생각하는 국가가 많다는 것과 최근 들어 적은 돈으로 즐기는 관광객과 소득 중하위 소비층들이 증가하는 것, 그리고 멀티미디어를 좋아하는 젊은 층을 위한 프로그램의 개발 등으로 카지노산업은 계속 확산된 것으로 전망된다.

네오위즈와 강원랜드의
게임 콘텐츠 공동 개발 협약식

2) 카지노의 부정적 전망

사회문제가 생길 가능성 때문에 정부 관계자들이 카지노의 허가를 제한하는 것과 소셜카지노 또는 가상현실 등을 선호하는 고객이 증가한다면 전통적인 카지노업은 쇠퇴할 수도 있다.

2. 카지노업의 현황

2021년 4월 현재 카지노업체가 있는 곳은 제주 8곳, 서울 3곳, 강원 2곳, 부산 2곳, 인천 1곳, 대구 1곳이 있고, 그중 제주지역이 8곳으로 가장 많은 업체가 몰려있다.

한국의 카지노 운영형태는 직영형태와 임대형태로 나눌 수 있다. 직영형태는 호텔이 직접 운영하는 것이고, 임대형태는 다른 사업체가 호텔로부터 카지노장을 임대하여 운영하는 것으로 임대형태는 14곳이고 직영형태는 2곳이다.

[그림 10-1] 전국의 카지노 현황

〈표 10-4〉 국내 카지노업체 현황('21.04월 기준)

시 · 도	업 체 명 (법 인 명)	허가일	운영형태 (등급)	종사원 수 (명)	'20 매출액 (백만 원)	'20 입장객 (명)	허가증 면적(㎡)
서울	파라다이스카지노 워커힐점 [(주)파라다이스]	'68.03.05	임대 (5성)	787	174,053	252,000	2,685.86
	세븐럭카지노 강남코엑스점 [그랜드코리아레저(주)]	'05.01.28	임대 (컨벤션)	911	86,493	153,550	2,158.32
	세븐럭카지노 강북힐튼점 [그랜드코리아레저(주)]	'05.01.28	임대 (5성)	552	77,791	230,064	1,728.42
인천	파라다이스카지노 (파라다이스시티) [(주)파라다이스세가사미]	'67.08.10	직영 (5성)	619	126,933	171,503	8,726.80
제주	랜딩카지노(제주신화월드) [람정엔터테인먼트코리아(주)]	'90.09.01	임대 (5성)	451	42,354	55,075	5,646.10
강원	강원랜드카지노 [(주)강원랜드]	'00.10.12	직영 (5성)	2,021	443,549	599,265	14,052.72

[출처] 문화체육관광부 [2021]누리집

05. 맞으면 O, 다르면 X 하세요.

1) 소셜카지노의 확산은 전통적인 카지노업의 쇠퇴를 가져올 수 있다. ( )

2) 적은 돈으로 즐기는 계층들이 증가하고 있어 카지노 산업의 전망은 좋지 않다. ( )

3) 국가가 카지노 산업을 세수 증대로 생각하기 때문에 카지노 산업의 미래는 어둡다. ( )

3. 카지노산업의 경영

1) 카지노게임의 종류

① 룰렛(Roulette): 휠이 돌아갈 때 작은 공이 휠(회전판)의 어떤 번호(번호/색깔 등)에 떨어질 것인가를 맞추는 게임이다.

② 블랙잭(Blackjack): 21(Twenty One)이라고 불리는 이 게임은 21 혹은 21에 가장 가까운 숫자를 만들어 딜러보다 높으면 이기는 게임이다. 카지노 테이블 게임 중 가장 인기가 높은 게임이다.

③ **바카라(Baccarat)**: 바카라는 플레이어(Player), 뱅커(Banker) 둘 중에 카드의 합계가 9에 가까울 것 같은 한쪽에 돈을 거는 게임이다. 동양권에서 가장 인기가 있는 게임이다.

④ **다이사이(Tai Sai)**: 다이사이라고 하는 주사위를 사용하는 게임이다. 주사위 용기(shaker)를 흔들어 결정된 3개 주사위 합과 플레이어가 베팅한 숫자가 일치하면 돈을 받는 게임이다.

⑤ **포커(Poker)**: 플레이어와 딜러가 5장의 카드를 가지고 게임을 하여 높은 서열의 패를 가진 쪽이 승리하는 게임이다.

⑥ **슬롯머신(Slot Machine)**: 코인을 동전 입구에 넣고 핸들을 잡아당기거나 스핀(Spin) 버튼을 눌러서 릴이 돌아가게 해야 한다. 회전이 멈춘 후 그 결과에 따라 상금을 지급받게 된다.

룰렛

블랙잭

바카라

다이사이

포커

슬롯머신

[출처] 한국카지노업관광협회 koreacasino.or.kr

2) 직종과 역할

카지노의 직종에는 대표적으로 카지노의 영업장에서 게임을 진행하는 딜러(Dealer)와 카지노 딜러를 감독하고 교육하는 플로어 매니저(Floor manager), 그리고 고객과 딜러의 실수를 감독하는 슈퍼바이저가 있다(정환 외, 2016:297).

① **카지노 딜러(Casino dealer)**: 카지노 영업장의 게임 테이블에서 게임을 진행시키는 사람을 말한다. 카지노 딜러는 기본적으로 바카라, 룰렛, 포커, 블랙잭 등의 게

임규칙을 완벽하게 숙지한 상태에서 한 개의 테이블에서 게임을 진행한다.

② 플로어 매니저(Floor manager): 플로어 매니저란 우리나라 말로 카지노 객장(Casino floor)을 관리하는 1차 감독자이다. 딜러의 관리와 근무배치 교육 등을 담당하고, 고객접대와 담당테이블의 상황을 상사에게 보고한다.

③ 슈퍼바이저(Casino supervisor): 카지노 슈퍼바이저 또는 핏 매니저(Pit manager)라고도 불리며, 이들은 카지노 객장의 2차 감독자이다. 이들은 고객의 불만이나 객장에서 소란을 피우거나 게임을 방해하는 고객을 처리하며, 딜러의 실수(dealer miss) 등을 감독한다.

06. 관계있는 것끼리 연결해 보세요.

1) 

룰렛 •

2) 

다이사이 •

3) 

블랙잭 •

• 다이사이(TAISAI)라고 하는 주사위를 사용한 게임이다.

• 21(Twenty One)이라고 불리는 이 게임이다. 카지노 테이블 게임 중 가장 인기가 높은 게임이다.

• 휠이 돌아갈 때 작은 공이 휠의 어떤 번호에 떨어질 것인가를 맞추는 게임이다.

카지노산업의 긍정적인 효과

카지노산업은 연중무휴로 운영되는 노동집약적 산업으로 지역주민들에게 높은 고용기회를 제공한다. 연령대별로는 20대와 30대 이하의 청년고용이 높은 편이다.

또한 매출액 중 많은 부분을 세금으로 내고 있어 지역주민들의 세금부담을 줄일 수 있다. 카지노를 중심으로 테마파크, 레저시설 및 여러 부대시설 등의 설립은 세수증대의 효과가 있다.

카지노산업은 일반 수출산업보다 높은 외화가득률을 보인다. 카지노산업의 외화가득률은 93.7%로 수출산업인 반도체, TV, 자동차 등에 비해 매우 높다. 카지노 방문객 1명은 반도체 56개 또는 TV 3대를 수출한 것과 같고 카지노 방문객 20명은 승용차 1대를 수출하는 것과 같으므로 경제적 파급효과가 크다(이충기 외, 2019).

그리고 카지노 이용객은 보통 게임과 골프, 레저, 쇼핑 등도 함께 즐기고 있어 여행사, 골프장, 면세점, 관광지와 관광시설 등의 업종에 도움을 준다. 또한 우리나라의 카지노는 대부분 호텔 안에 있기 때문에 카지노 이용객의 호텔 객실 이용 및 식음료 이용 등은 호텔 매출 증가의 중요한 부분을 차지하고 있다.

01. 다음 표를 보고 알맞지 않은 것을 고르세요.

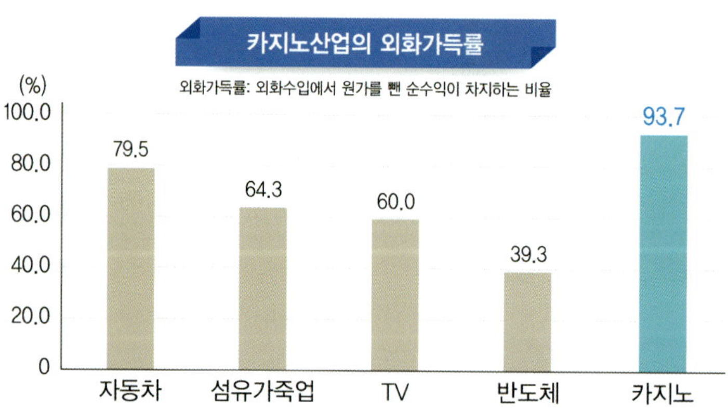

[출처] 한국카지노업관광협회

① 반도체는 카지노산업보다 외화가득률이 낮다.
② 카지노의 외화가득률은 자동차나 TV에 비해 높다.
③ 외화가득률은 외화수입에서 원가를 뺀 순이익을 뜻한다.
④ 카지노의 외화가득률은 자동차와 반도체를 합친 것보다 높다.

02. 카지노 산업의 긍정적인 효과가 아닌 것을 고르세요.

① 고용창출 ② 세수증대 ③ 경제적 파급 ④ 질서와 안전

03. 카지노사업은 앞에서 이야기한 것처럼 긍정적 측면을 가지고 있지만 부정적 측면도 있습니다. 다음을 참고하여 카지노 산업이 사회에 미치는 영향은 무엇인지 구체적인 예를 들어 쓰세요.

- 카지노 사업의 긍정적인 효과는 무엇인가?
- 카지노 사업의 부정적인 효과는 무엇인가?
- 카지노 사업의 부정적인 면의 해결방안은 무엇인가?

<table>
<tr><td>서론</td><td></td><td colspan="2"></td></tr>
<tr><td rowspan="9">본론</td><td rowspan="4">1단락</td><td colspan="2">긍정적인 효과는 무엇인가?</td></tr>
<tr><td>고용창출</td><td></td></tr>
<tr><td></td><td></td></tr>
<tr><td></td><td></td></tr>
<tr><td rowspan="4">2단락</td><td colspan="2">부정적인 효과는 무엇인가?</td></tr>
<tr><td>범죄가 증가한다.</td><td>도박빚을 갚기 위해 범죄를 저지를 가능성이 크다. (* 범죄를 저지르다)</td></tr>
<tr><td>지역주민의 일상생활이 방해를 받는다.</td><td>술집, 모텔 등 유흥업소들이 많이 생기면서 그 지역을 떠나는 주민들이 생긴다.</td></tr>
<tr><td></td><td></td></tr>
<tr><td rowspan="2">결론</td><td rowspan="2"></td><td colspan="2">부정적인 면의 해결방안은 무엇인가?</td></tr>
<tr><td></td><td></td></tr>
</table>

세계의 카지노산업
"카지노는 외화 획득의 주요 산업"

과거 카지노는 사행산업이라 생각해 관광자원으로서 각광받지 못했다. 그러나 최근 지역경제 활성화, 새로운 여가활동 제공, 관광상품의 다양화, 외화 수입 확대 등에 기여하는 것으로 생각되면서 세계 각국이 주요 산업으로 활성화하고 있다.

관광수입이 세계 10위권에 드는 미국, 프랑스, 스페인, 영국, 독일, 캐나다 등은 카지노산업에 있어서도 10위권에 속한다. 이처럼 관광대국에서 카지노산업을 육성하는 것은 카지노가 관광상품의 일부이고 그 중요성이 매우 크다는 사실을 보여준다.

세계 카지노 시장 규모

(단위: 달러)

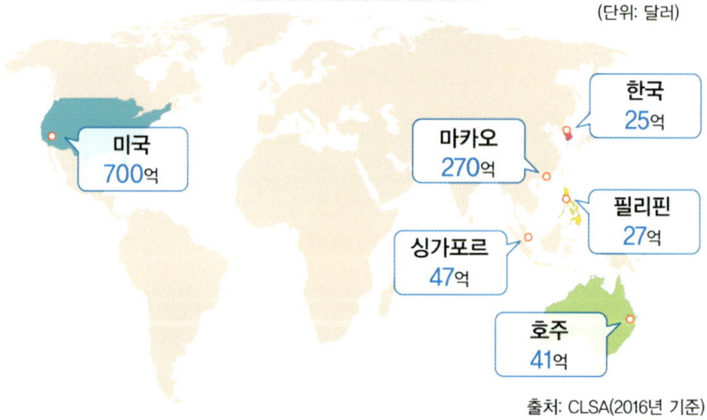

출처: CLSA(2016년 기준)

카지노는 전 세계 130여 개국에 약 3,600여 업체가 운영 중이고 특히 미국을 중심으로 한 북미와 아시아 지역이 대형 카지노의 성장을 주도하고 있다. 미국의 경우 1930년대 네바다주 라스베이거스에서 은광이 발견되면서 사람들이 몰리기 시작해서 카지노 산업이 성장했다. 최근 아시아 지역은 외화 획득의 수단으로 카지노산업을 더욱 육성하고 있다.

세계 카지노산업은 계속 성장하고 있는데 그 원인으로는 아시아-태평양 지역의 카지노가 성장했기 때문이다. 아시아 · 태평양 지역에서 경제 부흥을 목표로 카지노를 합법화하거나 규제를 완화하는 경향이 늘고 있다.

CHAPTER 11

리조트 산업

강원도 고성 속초 리조트 숙소 추천 | 소노문 델피노 리조트(0:00~2:35)

1. 이 리조트는 어디에 있나요?
2. 이곳에는 어떤 부대시설이 있나요?

생각하기

1. 리조트는 어떤 곳에 위치해 있을까요?
2. 리조트와 관련된 시설에는 어떤 것이 있을까요?
2. 여러분은 리조트에서 어떤 시설을 이용하고 싶어요?

■ 아래 어휘와 표현을 알아봅시다.

휴양시설 휴양이라는 목적에 필요한 건물, 기물, 장치 등을 갖추는 것. 또는 그 갖춘 물건		**암각화** 바위를 파서 모양을 새겨 놓은 것	
재충전 휴식 따위를 통하여 힘이나 실력을 축적하고 새롭게 함		**경관** 자연, 인공요소 및 주민의 생활 등으로 이루어진 일단의 지역환경적 특징	
여가선용 일이 없어 남는 시간을 알맞게 쓰거나 좋은 일에 쓰는 일		**관람시설** 연극이나 영화, 운동경기, 미술품 등을 보며 즐길 수 있는 곳(공연장, 박물관, 동물원, 경기장, 전시관, 영화관 등)	
민속문화자원 민간 생활과 관계된 신앙, 습관, 풍속, 전설, 기술 등 민간에 전해져 내려오는 유형과 무형의 문화재나 행사 등을 모두 말함		**비시즌(비수기)** 어떤 특정한 활동이 활발하게 이루어지지 않는 시기, 즉 여행하는 사람들이 적은 시기	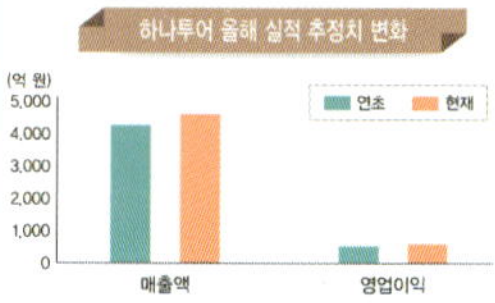

01. (　　) 안에 알맞은 어휘를 골라 쓰세요

경관	암각화	휴양시설	관람시설	여가선용

1) 설악산은 (　　　　　)이 뛰어난 산으로 유명하다.
2) 이 지역에는 수 만 년 전에 살던 원주민이 새긴 (　　　　　)가 남아 있다.
3) 그는 청소년들의 (　　　　　)을 위한 시설과 지원업무를 담당하고 있다.
4) 서쪽 해변에는 여행객이 편하게 쉴 수 있는 (　　　　　)이 많이 모여 있다.
5) 많은 여행객이 이곳을 찾는 이유는 보고 즐길 수 있는 (　　　　　)을 갖추었기 때문이다.

■ 아래 어휘와 표현을 알아봅시다.

어휘	사진	어휘	사진
온천 땅속에서 솟아나는 뜨거운 물이나 목욕할 수 있는 장소. 우리나라 온천수는 25도를 기준으로 25도 이하는 냉천, 25~34도는 미온천, 42도 이상은 고온천으로 구분한다.		**산악지형** 주변 지역보다 높은 산이 있는 자연 지형	
방갈로 산이나 호수에 지어 여름에 피서용으로 T는 작은 집		**구릉** 땅이 비탈지고 조금 높은 곳, 낮은 산이나 언덕이 계속되는 지형	
스키슬로프 스키장에서 스키를 탈 수 있는 경사진 곳		**적설량** 겨울에 땅 위에 쌓여 있는 눈의 양, 보통 센티미터(cm)로 나타낸다.	
일조량 일정한 물체의 표면이나 땅에 비치는 햇볕의 양	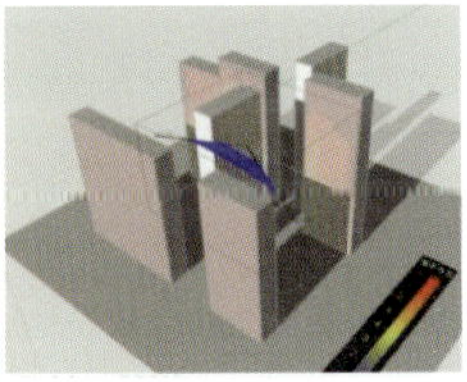	**입욕** 목욕탕에 들어가거나 목욕을 하는 것	

02. (　) 안에 알맞은 어휘를 골라 쓰세요

구릉 　 온천 　 방갈로 　 일조량 　 산악지형

1) 겨울은 낮이 짧아 여름에 비해 (　　　　)이 적다.
2) 뒷산은 산이라기보다는 나지막한 (　　　　)에 가깝다.
3) 바닷가의 아담한 (　　　　)에서 며칠 쉬다 왔으면 좋겠다.
4) 나는 매년 겨울에 피로를 풀기 위해 따뜻한 (　　　　)으로 쉬러 떠난다.
5) 산악바이크는 원래 농사용이었으나 (　　　　)에서 즐기는 레저용으로 발전했다.

Chapter 11

리조트 산업

제1절 리조트의 개요

1. 리조트의 개념

1) 리조트의 어원과 정의

(1) 리조트의 어원

'Resort'의 어원은 프랑스의 'Resortier'에서 유래되었으며 Re + Sortier라는 뜻이다. 'Re'는 'Again'이라는 뜻이고 'Sortier'는 'To go out'이라는 뜻으로 자주 가는 장소를 의미한다. 따라서 리조트란 몸과 마음의 피로를 풀기 위해 자주 찾아가는 장소라고 할 수 있다.

(2) 리조트의 정의

리조트의 개념은 국가별로 학자나 연구자에 따라 다양한 정의를 내리고 있다. 먼저 이재곤(1998)은 휴가 또는 그 외의 다양한 목적으로 즐거움을 가지고 이를 이용하는 개인, 가족, 그룹 등을 위한 시설, 서비스 그리고 다양한 레크리에이션 활동이 준비된 지역이라고 했다. 관광진흥법에서는 리조트사업을 "관광객의 휴양이나 여가선용을 위하여 일정한 장소에서 음식, 숙박시설, 운동, 오락시설, 민속문화자원소개시설, 관람시설 등 휴양에 적합한 시설을 갖추어 이를 이용하게 하는 사업"이라고 정의하고 있다. 국가별 리조트의 개념을 정리하면 다음과 같다.

〈표 11-1〉 국가별 리조트의 정의

국가별	리조트의 정의
미국	사람들이 휴가 기간에 휴식이나 레크리에이션을 위해 자주 방문하는 장소
영국	휴식과 건강, 회복을 위해 자주 찾아가는 장소
일본	좋은 자연조건과 큰 규모의 토지를 갖춘 지역으로 사람들이 체류하면서 여가활동 즉 스포츠, 레크리에이션, 교양문화활동, 휴양, 집회 등의 다양한 활동을 할 수 있도록 종합적인 기능이 정비된 지역

2) 리조트의 역사

리조트의 개념은 고대 로마시대에 건설된 공중목욕탕에서 그 기원을 찾을 수 있다. 주로 로마의 군사들이 휴식과 휴양을 즐겼던 곳으로 기원전 약 200년 전에 시작되었다. 유럽에서는 1326년 벨기에의 콜린 르 루프(Colin le Loup)라는 사람이 리지(Liege) 근처의 온천에서 병을 치료하면서부터 알려졌다. 또한 1660년 영국의 왕 찰스 2세가 리조트에서 많은 시간을 보내면서 유명해지기 시작했다.

한편 리조트는 영국이나 프랑스 사람들이 부족한 일조량을 극복하기 위한 차원에서 시작되었다. 이들은 1년 중 80% 이상 비가 오거나 흐린 날씨로 인해 햇빛을 볼 수 없었다. 그로 인해 부족해진 일조량을 해소하기 위해 맑은 날 해안이나 온천지역에서 일광욕을 즐기기 시작했다. 이것이 오늘날 리조트가 탄생하게 된 배경이 되었다.

일광욕

01. (   ) 안에 알맞은 어휘를 쓰세요.

관광진흥법에서는 리조트사업을 "관광객의 휴양이나 여가선용을 위하여 일정한 장소에서 음식, 숙박시설, 운동, 오락시설, 민속문화자원소개시설, 관람시설 등 (   ) 시설을 갖추어 이를 이용하게 하는 사업"이라고 정의하고 있다.

2. 리조트의 구성요소와 구성요건

1) 리조트의 구성요소

리조트의 구성요소는 숙박과 음식, 매력물이라고 할 수 있다. 일상생활을 떠나 온 고객들을 편안하게 쉴 수 있도록 하는 숙박시설과 특별한 식음료서비스 등이 가능해야 한다. 또한 사람들의 흥미를 유발할 수 있는 레크리에이션 등의 매력물이 있어야 한다. 고객들이 머물러 있는 동안 그들이 즐겁게 활동할 수 있는 스키나 골프, 스파 등 다양한 활동적인 요소를 갖추어야 한다.

[그림 11-1] 리조트 구성의 3요소

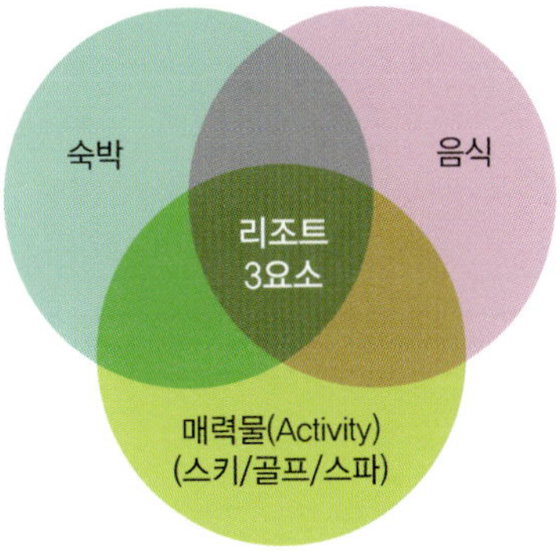

2) 리조트의 구성요건

리조트는 일상생활을 떠나 휴식과 재충전의 시간을 갖는 장소이므로 볼거리, 놀거리, 먹을거리, 즐길 거리 등 다양한 시설들을 갖추고 있어야 한다.

〈표 11-2〉 리조트이 구성요건

구분	기능	구성요건
숙박	휴식	휴양콘도, 관광호텔, 가족호텔, 호스텔, 의료관광호텔, 유스호스텔, 펜션, 방갈로, 오토캠핑, 휴양촌
볼거리	공연	동물원, 식물원, 컨벤션, 연회장, 음악당, 전시장(음악회, 뮤지컬, 전통민속촌, 연극 등)
놀거리	게임/오락	카지노, 범퍼카, 회전목마, 유람선, 공중레일카, 포커, 눈썰매장, 낚시터, 노래방, 오락실
즐길거리	운동/스포츠	스키, 축구, 배구, 테니스, 탁구, 농구, 스케이트, 인라인, 당구, 골프, 자전거, 포켓볼, 배드민턴, 승마, 쇼핑, 요트장, 도자기체험장, 카레이스장, 볼링장, 경마장, 양궁장, 마리나, 윈드서핑장, 스파, 수영장, 헬스장
먹을거리	음식	레스토랑, 바, 그릴, 카페, 패스트푸드, 편의점
안전	안전성	시설안전, 교통안전, 치안, 의료시설
교통	접근성	항공, 크루즈, 철도, 버스, 자가용, 셔틀버스, 구내이동수단, 주차장
편의제공	편의성	우체국, 은행, 유모차대여점, 안내소, 물품보관 및 대여점, 방송실

[출처] 고상동 외, 리조트산업의 이해, 백산출판사

02. 리조트의 구성요소를 쓰세요.

(, ,)

03. 리조트의 구성요건으로 알맞지 않은 것을 고르세요.

① 고객을 위한 다양한 시설을 갖추어야 한다.
② 카지노나 포커, 노래방은 즐길거리에 해당된다.
③ 안전시설과 함께 교통시설, 편의시설을 제공해야 한다.
④ 숙박과 함께 볼거리, 놀거리, 먹거리, 즐길거리가 있어야 한다.

3. 리조트의 특성 및 유형

1) 리조트의 특성

리조트는 숙박 중심의 호텔과는 달리 숙박 외에 골프, 스키와 같은 레저 스포츠시설 등의 즐길거리를 갖추었다는 차이점이 있다. 비교적 장기간에 걸쳐 체류하면서 각종 스포츠나 놀이를 복합적으로 즐길 수 있는 휴양시설의 성격이 강하다. 따라서 리조트는 숙박과 레크리에이션 및 교양, 문화, 오락 등의 기능을 한곳에 모아 놓은 비일상적인 공간으로 일상생활에 필요한 모든 시설이 편리하게 갖추어져 있다는 특성이 있다.

2) 리조트의 유형

리조트의 유형은 체류형태와 입지, 그리고 이용목적에 따라 분류할 수 있다. 먼저 체류형태에 따라 주말형, 장기체류형(호텔, 별장, 콘도미니엄), 정주형(실버타운)리조트로 나눌 수 있다. 다음으로 이용목적에 따라 골프, 스키, 온천, 카지노 등 다양한 종류로 분류할 수 있다. 또한 입지에 따라 산악형과 해양형, 강 · 호수형, 온천형, 도시형으로 구분된다.

입지에 따른 분류를 살펴보면 먼저 산악형은 스키와 골프가 주된 상품이 되며, 산지경관과 풍부한 삼림자원을 활용하여 등산, 행글라이더, 삼림욕장, 캠핑장 등 자연체험시설, 건강 회복 시설이 많다. 해양형은 물을 이용한 수상스키, 스킨스쿠버, 요트와 윈드서핑 등 다양한 스포츠 시설을 포함하고 있다. 강 · 호수형은 래프팅, 수상스키, 윈드서핑, 온천형은 온천과 스파, 도시형은 놀이공원과 동물원, 식물원, 전시장, 공연장이 주된 상품으로 지역주민도 이용할 수 있을 뿐만 아니라 시간과 여행경비를 절약할 수 있는 장점도 있다.

[그림 11-2] 리조트의 입지에 따른 분류

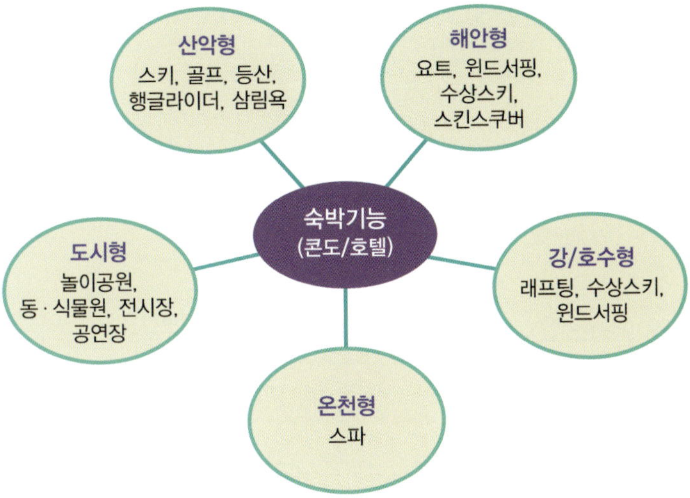

[출처] 고상동 외, 리조트산업의 이해, 백산출판사

04. 리조트의 특성으로 맞으면 O, 틀리면 X 하세요.

1) 편리한 시설이 갖추어진 일상적인 공간이다. (　　　)

2) 숙박과 여가활동을 한곳에 모아 놓은 공간이다. (　　　)

05. 리조트의 입지에 따른 주된 상품은 무엇인지 쓰세요.

해양형	
산악형	

제2절 리조트 사업의 유형

1. 스키리조트

스키리조트는 스키장에 리조트가 함께 있는 종합 휴양지이다. 레저 인구의 증가에 따른 다양한 욕구를 충족시키지 위해 콘도미니엄, 호텔, 빌라, 방갈로 등의 숙박시설과 스파나 식당, 휴게오락실 등의 시설을 갖추고 있다.

스키

한국의 주요 스키리조트는 무주 덕유산리조트, 용평리조트, 웰리힐리리조트, 평창 알펜시아리조트, 강원 하이원리조트, 홍천 비발디파크 등이 있다.

1) 스키의 기원

2018 평창동계올림픽 앰블럼과 마스코트

스키(Ski)의 어원은 Skid, Skip, Skate로 눈 위에서 신는 신발이라는 뜻이다. 그 기원은 BC 3천 년경 막대기를 잡고 스키를 타고 있는 노르웨이의 암각화에서 찾을 수 있다. 1924년 1월에 프랑스에서 제1회 동계올림픽이 개최되었으며, 2월에는 국제스키연맹(FIS:Federation International de ski)이 탄생되었다.

한국의 스키 역사는 썰매에서 유래되었다. 1904년 함경도 원산에 최초의 스키장이 개설되었고, 1947년 제1회 전국스키선수권대회를 시작으로 2018년 평창 동계올림픽을 개최하게 되었다.

2) 스키리조트의 입지 조건

스키는 눈이 내리는 겨울에 이루어지는 동계형 스포츠이다. 스키는 기온과 바람, 눈의 질 등 자연적인 요건에 가장 영향을 많이 받는다. 따라서 스키리조트의 입지는 눈이 많이 내려 적설량이 충분하고 오랜 기간 눈을 확보할 수 있는 곳을 선호한다. 또한 스키의

원리는 활강에 의한 이동이므로, 이러한 활강이 원활하게 이루어지는 산악지형을 중심으로 개발되는 것이 일반적이다.

스키사업은 자연자원의 의존성, 계절적 편중성 등의 사업적 특성으로 인해 휴일에 집중되어 평일과 주말의 수요 차이가 큰 편이다. 이러한 문제를 극복하기 위해 겨울만 보고 스키장을 운영하기보다는 겨울 이외의 계절에 관광객을 유인할 수 있는 다양한 시설과 콘텐츠 개발, 최신식 시설을 도입하여 재방문과 잠재 수요를 창출해 나가야 한다.

3) 스키장과 스키 유형

스키리조트의 핵심은 스키슬로프이다. 스키슬로프는 스키 실력에 따라 슬로프가 분리되어 있으며, 슬로프 정상과 아래 도착지점까지 리프트로 스키어들을 실어 나른다. 스키의 유형 중에서 크로스컨트리 스키는 스키의 마라톤이라고 할 수 있으며 정해진 주법으로 활주한다. 알파인 스키는 한 명씩 게이트를 통과하며 슬로프를 내려가는 경기이다.

스키 리프트

06. 다음 내용이 맞으면 O, 틀리면 X 하세요.

① 스키장은 적설량이 적고 적설 기간이 짧을수록 좋다. (　　　)
② 스키장은 보통 활강하기 좋은 산악지형에 위치하고 있다. (　　　)
③ 스키리조트는 자연자원의 의존성과 계절적 편중성이 크다. (　　　)
④ 알파인 스키는 스키의 마라톤이라고 할 수 있다. (　　　)

2. 골프리조트

골프장은 산간지역이나 평지에 대규모로 조성되어 골프를 칠 수 있는 스포츠 시설로 많은 수의 호수와 구릉, 언덕, 잔디, 편의시설 등이 구비되어 있다. 최근에는 골프장의 특성을 살려 다른 여러 가지 레저시설을 함께 갖추어 골프리조트로 개발하고 있다. 골프는 스포츠의 개념을 벗어나 관광 레저 상품으로 발전해 가고 있다.

1) 골프의 기원

로마 시대에 새털을 넣은 가죽공을 끝이 둥근 나무로 쳐서 날려 보내는 '필라 파가니카(pilar paganica)'라는 경기가 골프의 기원이다. 그러나 골프 기원에 대한 정확한 자료가 없기 때문에 언제 어디에서 시작되었는지는 분명하지 않지만 스코틀랜드의 Goulf에서 유래되었다는 것이 최근 학자들의 주장이다.

골프

2) 골프클럽과 컨트리클럽

골프클럽은 18홀 이상 회원 위주로 운영하고 있는 회원제와 18홀 미만의 불특정인을 대상으로 하는 일반제로 운영한다. 보통 회원제이며, 클럽의 호칭은 골프클럽과 컨트리클럽으로 구분할 수 있다. 리조트에 가까운 것은 컨트리클럽이라 할 수 있는데, 우리나라에 대중화되고 있는 유형은 골프클럽에 가깝지만 컨트리클럽이라는 명칭을 사용하고 있다. 보통 골프장의 명칭은 곤지암CC처럼 지역명 뒤에 컨트리클럽(Country Club)이라는 수식어가 붙는다.

〈표 11-3〉 **컨트리클럽과 골프클럽 비교**

구분	컨트리클럽	골프클럽
구성	골프코스, 테니스장, 수영장, 사교장 등	다소의 부대시설은 있으나 스포츠로서의 골프코스가 중심이다.
성격	클럽에서 모든 생활이 이루어질 수 있도록 되어 있다. 사교성이 강한 클럽으로 회원 중심이며 폐쇄적이다.	스포츠클럽으로서의 성격이 강하다. 컨트리클럽에 비해 덜 폐쇄적이다.

[출처] 채용식 외 2인 현대리조트개발론. 현학사(2003) p.199

3) 골프의 구성요소와 경기 방법

골프경기는 골퍼(Golfer), 골프코스(Golf course), 골프용구(Club)의 요소를 갖추어야 한다. 골퍼는 선수와 일반 골퍼로 구분되며 골프코스에는 티(tee)라고 하는 시작점과 홀컵, 그리고 여러 개의 홀로 이루어져 있다.

골프용구

골프 용구로는 나무로 만든 우드클럽(Wood Club)과 철재인 아이언(Iron), 그리고 스몰사이즈볼과 라지사이즈볼 두 가지의 공식 볼(Boll)이 있다.

경기 방법으로는 타수를 기준으로 경기를 하는 스트로크플레이(Stroke play) 방식과 홀을 기준으로 두 사람이 1:1로 대전하는 매치플레이방식이 있다.

07. 골프 경기의 3가지 구성요소를 쓰세요.

(, ,)

08. 다음에서 설명하는 골프경기 방식은 무엇인지 쓰세요.

18홀을 기준으로 총 타수가 가장 적은 사람이 이기는 방식이다. ( )

3. 스파 & 워터파크리조트

오늘날 현대인들이 가장 중요하게 생각하는 것은 건강한 삶이다. 건강과 치료목적의 스파, 온천, 워터파크 시설이 함께 있는 종합리조트가 인기를 끌고 있다.

한국의 대표적인 워터파크로는 용인의 캐리비안베이, 천안의 대명리조트, 강원도 홍천의 비발디파크 오션월드, 충남 예산의 리솜워터파크, 속초의 설악워터파크, 경주의 블루원워터파크가 있다.

1) 스파리조트

스파리조트는 스파를 주제로 한 리조트이다. '스파' 명칭의 유래는 두 가지 설이 있는데 먼저 벨기에에 있는 온천으로 유명한 스파우(Spau)라는 마을 이름에서 비롯되었다는 설과 프랑스어로 건강에 좋은 물이라는 뜻의 Sante per Aqura의 머리글자를 따서 SPA라고 했다는 설이 있다.

스파

스파의 범위는 입욕만을 위한 온천과 달리 온천수에 건강과 향이 좋은 각종 입욕제를 넣은 고급 목욕시설과 워터파크, 마사지 서비스, 찜질방 등의 부대시설을 갖춘 곳을 말한다. 주요 고객은 여성이나 노년층으로 질병 치료와 다이어트, 스트레스 해소 등을 목적으로 스파를 이용한다.

2) 워터파크리조트

워터파크(Waterpark)는 물놀이를 주제로 한 놀이시설이다. 수영장과 비슷하지만, 물을 소재로 한 미끄럼틀, 인공폭포, 인공파도타기 등 물놀이 시설과 건강시설, 휴식공간, 편의시설 등을 갖춘 테마파크이다.

워터 슬라이드

워터파크는 운영 목적에 따라 건강지향과 레저지향으로 나눌 수 있다. 먼저 건강지향 워터파크는 온천욕의 성격을 가지고 있으며 피로회복과 피부병 치료가 주목적으로 노년층이 많이 이용한다. 레저지향 워터파크는 다양한 물놀이시설을 갖춘 놀이시설형 워터파크이다. 워터슬라이드, 인공파도풀, 유수풀 수로 타기, 미끄럼틀 타기 등 스릴과 흥분, 감동을 주는 시설로 인해 어린이를 동반한 가족이 주 고객이며 스포츠와 레저를 함께 즐길 수 있다.

09. 스파와 워터파크의 차이점을 찾아서 아래 빈칸에 쓰세요.

구분	스파리조트	워터파크리조트
주 고객층		
주요시설		

01. 다음은 리조트 광고문입니다. 글을 읽고 내용과 같으면 O, 틀리면 X 하세요.

올겨울 신나게 즐기자

하이얀리조트 스키패키지
콘도(주말 1박) + 리프트권 + 장비대여
4인 가족 기준 360,000원

콘도 35평형(방2, 거실1, 화장실2)
리프트 & 장비대여 12시간 + 7시간 제공
스키 강습 추가시(2시간) 별도 100,000원

1) 스키패키지를 구입하면 리프트와 장비를 무료로 빌려준다. (　　　)
2) 스키 강습을 받고 싶으면 비용을 추가로 내야 한다. (　　　)

02. 다음은 강원랜드를 소개하는 글입니다. 글을 읽고 물음에 답하세요.

폐광지역 개발 지원 특별법의 근거로 만들어진 강원랜드는 폐광지역 발전과 국가 경쟁력을 위해 정부와 강원도가 주도하는 국가산업이다. 강원랜드의 직원은 주민등록상 정선군의 주민으로만 구성되어 있으며 약 5천 명이 근무하고 있다.

강원랜드는 해발 800미터에 자리하고 있는 복합리조트로서 관광과 레저를 통한 휴식과 여가생활을 즐길 수 있도록 다양한 시설을 갖추고 있다. 호텔과 콘도, 워터월드, 스키장, 골프장, 카지노가 운영되고 있다. 국내에서는 유일하게 내·외국인 모두 이용이 가능하며, 카지노에는 하루 3천 명이 입장할 수 있다.

레저, 여가 시설로 대표적인 하이원리조트는 2006년부터 강원랜드에서 운영하고 있는 복합 리조트이다. 워터월드는 국내 최대 규모의 파도풀, 실내풀장으로 인기가 많으며 사계절 내내 즐길 수 있다. 또한 겨울에는 스키와 함께 스노우월드, 비시즌에는 백운산 트래킹코스, 알파인코스터도 운영하고 있어 계절마다 즐길 것이 많은 곳이다.

1) 윗글의 내용과 다른 것을 고르세요.
① 강원랜드는 정부와 강원도가 주도하고 있다.
② 하이원리조트는 다양한 시설을 갖춘 복합리조트이다.
③ 하이원리조트는 겨울 외의 비시즌에는 이용할 수 없다.

2) 윗글의 내용과 같으면 O, 다르면 X 하세요.

① 워터월드에는 사계절 즐길 수 있는 실내풀장이 있다. ( )

② 강원랜드는 주민등록상 강원도 사람만 직원으로 채용한다. ( )

03. 다음 리조트 중 한 곳을 선택한 후 아래의 내용을 참고하여 분석하세요. 그리고 분석한 내용을 발표하세요.

스키리조트	무주 덕유산리조트, 용평리조트, 웰리힐리리조트, 평창 알펜시아리조트, 강원도 하이원리조트, 홍천 비발디파크
골프클럽	제주도 나인브릿지, 핀크스, 골든비치, 롯데 스카이힐
스파 & 워터파크	캐리비안베이, 비발디파크 오션월드, 설악 워터피아, 리솜 스파캐슬, 테딘 워터파크

1) 리조트 이름	
2) 위치	
3) 규모(대지면적, 건축면적, 층수, 총 객실 수 등)	
4) 총 수용인원 및 이용객 수	
5) 주요 시설(숙박, 볼거리, 놀 거리, 즐길 거리, 먹을 거리 등)	
6) 부대시설(안전, 교통, 편의 제공 등)	
7) 주변 관광지	
8) 여행객의 이용 후기	
9) 분석 결과	

캐디의 역할과 의무

캐디의 역할

캐디는 골프장에서 골프 고객이나 전문 골프 선수들을 보조하는 역할을 한다. 고객 또는 선수들의 골프용품을 운반하는 등 골프 경기가 원활하게 진행될 수 있도록 돕는 일을 담당한다.

- **코스 소개 및 안내**: 플레이어가 전반적인 경기 스케치를 할 수 있도록 경기가 치러질 코스에 대한 특성을 소개하거나 안내를 해준다.
- **용어와 규칙 안내**: 골프 용어와 규칙, 새롭게 바뀌는 규정에 관하여 고객에게 안내한다.
- **전체 플레이 조언**: 카트 운전 및 볼마크, 퍼팅라인 제시, 클럽 선택에 대한 조언, 공에서 홀까지의 거리 계산 등 고객이 하기 번거로운 일들을 도와준다. 즉 캐디는 조언자 및 서포터이다.
- **라운드 외의 업무**: 샷을 하고 나면 잔디가 파이는데, 파인 곳을 메꿔주는 '배토'라는 작업을 한다.

캐디의 의무

캐디는 골프장의 이미지 메이커(Image Maker)이며, 홍보요원이다.

- **친절한 서비스**: 친절한 서비스로 고객을 응대하여 회사의 이미지를 부각시킨다.
- **코스 상태와 룰 숙지**: 볼의 방향과 위치, 공략지점의 장애물, 목표까지의 거리, 코스 상태 등 고객에게 정확한 조언을 해야 한다.
- **원활한 경기 진행**: 앞 팀과 팀의 간격을 유지하면서 경기 진행을 원활히 해주어야 한다.
- **코스 관리**: 코스 관리는 담당자 이상으로 캐디가 신경 써야 할 부분이며, 배토 작업, 벙커에 생긴 발자국 등을 정리하거나 담당자에게 연락해야 한다.

CHAPTER 12

이벤트 산업

2030 부산월드엑스포 홍보동영상(0:00~5:35)

1. 2030년 부산시에서 개최하려는 이벤트는 무엇인가요?
2. 그 이벤트의 개최 기간은 몇 개월이고 관람객 수는 얼마나 예상하나요?

생각하기

1. 한국에서 열렸던 국제적인 이벤트에는 무엇이 있나요?
2. 세계 3대 메가이벤트는 무엇인가요?
3. 이벤트를 통해 얻을 수 있는 긍정적인 효과는 무엇이 있을까요?

■ 어휘와 표현을 알아봅시다.

제천의식 하늘을 믿고 하늘에 제사 지내는 옛날의 종교의식		**가배(추석)** 신라 시대 8월에 궁궐에서 옷감을 짜는 대회를 가배라고 했음(가배 → 한가위 → 추석)	
팔관회 통일신라와 고려시대에 국가행사로 치렀던 종교행사		**일제강점기** 1910년부터 1945년 8월 15일까지 나라를 강제로 빼앗긴 35년간의 시대	
관광 매력물 관광객이 관광행동을 하게 하고, 여행하면서 관광객이 즐기면서 이용할 만한 물건		**핵심 편익** 가장 중심이 되는 편리하고 유익한 것	
표적 집단 어떤 일을 할 때 목표로 삼는 사람들		**공공서비스** 국가나 공공단체에서 공공의 복지를 위해 제공하는 서비스	

01. (　　) 안에 알맞은 어휘를 골라 쓰세요

표적 집단	제천의식	핵심 편익	관광 매력물	공공서비스

1) 축제이벤트의 (　　　　　)은 즐거움과 체험과 감동이다.
2) 서울에 있는 (　　　　　)에는 경복궁과 롯데타워, 남산타워 등이 있다.
3) (　　　　　)면접법은 응답한 사람 중 몇 명만 면접을 봐서 정보를 얻는 방법이다.
4) 국민이 필요로 하는 (　　　　　)를 제공하는 것이 국가의 중요한 역할 중 하나이다.
5) 하늘에 제사를 지내는 (　　　　　)은 노래와 춤의 형태로 오늘날 놀이문화로 발전했다.

■ 아래 어휘와 표현을 알아봅시다.

박람회 나라나 지역의 문화, 산업 등을 소개하기 위해 관련된 상품을 진열해 놓은 곳		**부동산 투기** 부동산의 가격 변동 의 차이를 이용해 이익을 보려는 행위	
참여율 어떤 일에 참가한 사람들의 비율		**교류성** 여러 분야에서 만들어진 문화나 사상, 경험 등을 나라, 지역, 개인 간에 서로 주고받는 특성	
인위적 사람의 힘으로 이루어지는 것		**자연발생적** 어떤 일이나 사물 따위가 저절로 생겨나는 것	
공동체의식 생활이나 행동 또는 목적 등을 같이하는 집단에 속해 있다는 생각		**결속력** 뜻이 같은 사람끼리 단단히 모이는 힘	

02. ( ) 안에 알맞은 어휘를 골라 쓰세요

참여율 박람회 인위적 일제강점기 공동체의식

1) 무역 박물관에서 컴퓨터 ( )가 열리고 있다.
2) 이번 대통령 투표에서 20대 여성의 ( )이 가장 낮았다.
3) 그 회사는 직원들에게 ( )을 심어주기 위해 체육대회를 개최했다.
4) 그 호수는 자연발생적으로 생겨난 것이 아니라 사람들이 ( )으로 만든 것이다.
5) 일본에게 나라를 강제로 빼앗겼던 ( )에 많은 사람들이 나라를 되찾기 위한 노력했다.

Chapter 12

이벤트 산업

제1절 이벤트의 개요

1. 이벤트의 정의

오늘날 축제와 더불어 빠질 수 없는 것이 바로 이벤트다. 이벤트의 어원은 라틴어의 Evenire에서 유래되었는데 'e (out) + venire(to com)의 복합어로 '밖으로 나오다'라는 의미이다.

올림픽 개막식

이벤트의 사전적 개념으로는 각종 행사, 중요 사건, 시합, 경기라는 다양한 의미를 지니는데(한국관광공사, 1994:8~10) 이는 자연적으로 발생하는 일도 포함하고 있다. 이벤트의 정의로 윌킨슨(Wilkinson, 1988)은 주어진 시간 동안 특정 욕구를 충족시키기 위해 계획된 일회성 행사라고 했다. 이경모(2020:25)는 주어진 기간 동안 정해진 장소에 사람을 모이게 하여, 사회 · 문화적 경험을 제공하는 행사 또는 의식으로서, 긍정적 참여를 위해 비일상적으로 특별히 계획된 활동이라고 정의했다. 이처럼 이벤트는 자연발생적이라는 사전적 의미와 달리 인위적으로 발생시키는 일이라는 의미를 가진다.

2. 이벤트의 기원

이벤트의 역사와 유래는 원시시대 제례 의식에서부터 시작되었다. 신석기 시대 농경사회에서는 곡식을 더 많이 수확하기 위해 제사를 지냈다. 이때 가면을 쓰고 춤을 추었으며 음악을 사용하였고 이는 점차 음악, 무용, 회화 등 여러 형태로 발전하게 되었다.

1) 서양의 발달사

BC776년 그리스의 고대 올림픽 경기를 시작으로 근대에는 축제와 종교의식이 함께하는 글로벌 축제로 발전하게 되었다. 17세기 로마에서 시작된 미술전람회는 전시회(exhibition)의 시초가 되었고, 1851년 런던 엑스포는 박람회의 시작이 되었다. 1895년에는 제1회 아테네 올림픽이 개최되었고, 현대로 넘어오면서 이벤트의 종류는 늘어나고 대중화되었으며 범위도 확대되었다.

2) 한국의 발달사

한국 이벤트의 기원은 제천의식에서 시작되었다. 신라 시대의 가베, 고려 시대에는 팔관회, 조선 시대에는 민간의 굿으로 이어져 왔다. 한국은 1900년에 개최된 파리 세계박람회에 참가했으나, 그 이후 일제강점기와 한국전쟁 등을 겪으면서 세계박람회 참가를 중단했다. 그러나 1962년 미국 시애틀 박람회에 다시 참가하기 시작해서 1979년에는 한국종합전시장(COEX)을 개최했으며, 1988년에는 서울올림픽과 2002년 한일월드컵, 2012년 여수 세계박람회, 2018년 평창 동계올림픽을 개최하였다.

01. 다음 중 이벤트에 해당하는 것을 고르세요.

① 운동경기 ② 교통사고 ③ 우연한 만남 ④ 일상적인 식사

02. 이벤트 기원 내용 중 맞으면 O, 틀리면 X 하세요.

1) 하늘에 제사를 지내는 의식에서 시작되었다. ( )

2) 전시회, 박람회, 올림픽 등 이벤트의 종류가 확대되었다. ( )

3. 이벤트 목적과 분류

1) 이벤트의 목적

이벤트의 목적은 크게 여섯 가지가 있다. 첫째, 틀에 박힌 일상생활에서 벗어나 새로운 체험을 통해 삶의 활력을 찾을 수 있다. 둘째, 지역 특성에 맞는 캐릭터를 개발하여 지역의 이미지를 상승시키는 효과를 얻을 수 있다. 셋째, 이벤트와 더불어 판촉 및 홍보의 수단이 될 수 있다. 넷째, 다양한 문화 활동이 생겨나고, 도로의 정비 등 지역 기반을 다질 수 있다. 다섯째, 지역의 문화와 풍습 등을 공유함으로써 문화 차이를 이해하고 친선을 도모할 수 있다. 마지막으로 공공서비스로서 문화 수준을 향상시키고, 지역주민을 화합하게 하며, 국민에게 행복감을 느끼게 한다.

2) 이벤트의 분류

이벤트는 다양한 분야에서 인위적으로 계획된 행사로 어떤 목적을 가지고 개최하느냐에 따라 분류된다. 이벤트의 종류가 다양한 만큼 주최자, 참가자, 규모, 형식에 따라 다양한 방법으로 분류하고 있다. 하지만 가장 중요한 것은 이벤트의 성격이다. 이경모(2003)는 이벤트 유형을 성격에 따라 아래와 같이 분류하고 있다.

[그림 12-2] 이벤트의 유형과 이벤트 프로그램

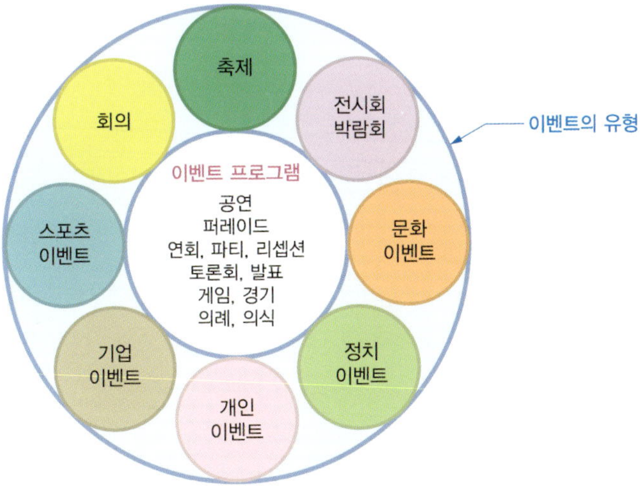

[출처] 이경모, 이벤트학원론, 백산출판사, 2020, p.30

이벤트 유형과 달리 이벤트 프로그램은 이벤트를 수행하기 위해 설정된 내용물로 이벤트를 실행하는 구성요소 또는 도구라고 할 수 있다. 따라서 공연, 퍼레이드, 연회, 파티, 리셉션, 토론회, 발표, 게임, 경기, 의례, 의식 등은 그 자체가 이벤트가 될 수도 있지만 이는 정확히 말하면 이벤트를 구성하고 있는 프로그램이라고 할 수 있다.

03. 이벤트의 목적이 아닌 것을 고르세요.

① 삶의 활력 ② 공공서비스 ③ 판촉 및 홍보 ④ 지역의 이미지 하락

04. 이벤트 유형과 이벤트 프로그램을 구분하고 유형에는 '유', 프로그램에는 '프'라고 쓰세요.

1) 회의, 축제, 전시회, 박람회, 스포츠. 정치, 문화 ( )
2) 공연, 퍼레이드, 게임, 경기, 연회, 파티 ( )

4. 이벤트의 구성요소

이벤트의 구성요소는 매우 다양한데 그중에서 개최와 운영을 위해 반드시 필요한 다섯 가지는 다음과 같다(이경모, 2003).

첫째, 개최 시기(When)로 이벤트 기간은 참가자의 관심과 접근성을 조절할 수 있으므로 계절별, 시간대별 특성과 개최 횟수 등을 고려해야 한다.

둘째, 개최 장소(Where)로 이벤트 장소는 참가자의 접근성과 주위 환경을 결정한다. 따라서 장소에 따라 참가자의 구성과 분포가 달라질 수 있다.

셋째, 참가 대상(Who)으로 이벤트의 중요한 구성요소이다. 누가 누구를 위해 개최하는지에 따라 이벤트의 프로그램과 성격, 목적 등이 달라지게 된다.

넷째, 개최목적(Why)인데 이벤트의 개최목적에 따라 나머지 구성요소의 결정 수준이 달라지게 된다. 그렇기 때문에 개최목적을 명확하게 하는 것이 성공의 중요한 요소라고 할 수 있다.

다섯째, 이벤트의 내용(What, How)으로 참가자가 가장 오랫동안 기억하는 요소이다. 주제, 프로그램과 운영, 연출 방법, 서비스 등 무엇을 어떻게 체험하는가에 해당한다.

제2절 이벤트의 분류

1. 관광이벤트

1) 관광이벤트의 특성

관광이벤트의 본질적 특성은 긍정성과 계획성, 비일상성이다. 긍정성은 즐거운 일, 좋은 일에 대한 축원 또는 발전 등 긍정적 개념을 바탕으로 발생했다. 운동경기나 축제와 같이 특별히 계획된 활동으로 우연이 아니라 인위적이며, 일상생활과 구별되는 비일상적인 활동이라는 것이다.

관광이벤트의 내용적 특성은 다음과 같이 크게 4가지로 분류할 수 있다.

〈표 12-1〉 관광이벤트의 내용적 특성

특성	내용
체험성	관광이벤트는 관광객 자신이 직접 체험하기 때문에 일상생활이나 관광지에서는 맛볼 수 없는 특별한 체험과 감동을 받는다.
교류성	이벤트에 참여하는 관광객은 참여자로서 소속감과 유대감, 동질성을 갖는다.
이동성	다시 일상생활로 돌아오는 것을 전제로 이벤트 개최 기간에 개최장소를 방문한다.
교육성	관광객은 이벤트 참여를 통해 교육적 체험을 얻을 기회를 갖게 된다.

이벤트 교류성과 교육성의 예

05. 밑줄 친 부분은 이벤트의 구성요소 중 무엇에 해당하는지 쓰세요. (　　　　　　)

> 연천군청에서는 11월 20일에서 30일까지 내국인과 외국인을 대상으로 김치축제를 실시합니다. 이 행사는 내 · 외국인이 함께 더불어 잘살자는 목적을 가지고 개최하게 되었습니다. 김치담그기, 보쌈시식하기, 불우이웃에게 김치 전달하기 등의 행사도 함께 진행됩니다. 자세한 사항은 군청 홈페이지를 참고하시기 바랍니다. 여러분들의 많은 참여 부탁드립니다.

06. 관광이벤트의 특성을 쓰세요.

본질적 특성	
내용적 특성	

2) 관광이벤트 상품과 개최 효과

(1) 관광이벤트 상품

현대사회에서 상품은 체험, 사람, 장소, 조직, 정보, 아이디어와 같은 것들을 포함하는 개념이다. 관광이벤트 상품은 서비스상품으로 가장 대표적이 특징이 무형성이다. 이벤트는 방문객의 참여를 통해 이루어지는 서비스상품이기 때문에 최대한 고객을 우선으로 설계되어야 한다. 관광이벤트의 유형에 따라 핵심 편익과 고객집단을 살펴보면 다음과 같다.

〈표 12-2〉 관광이벤트별 핵심편익과 고객집단

상품	상품의 핵심 편익	고객집단
축제이벤트	즐거움(fun), 체험, 감동	일반 대중
회의이벤트	정보수집, 교류, 만남	회의주제 관련 기관, 개인
산업전시 · 박람회	정보교류, 교역의 기회	전시주제 관련 업계, 개인
문화 · 공연이벤트	문화적 감상	일반 대중
판촉이벤트	상품의 판매증진	해당 상품 소비자

[출처] 손선미, 관광이벤트론, 대왕사

대부분의 이벤트는 일정 기간 동안 일반대중 또는 표적 집단이 관심을 갖고 참석하지만 환경요인의 변화와 함께 쇠퇴하기도 한다. 우리나라에서도 주기적으로 개최되었던 많은 이벤트와 이벤트에 포함되었던 과거의 많은 프로그램들이 현재는 참가자 수가 감소했거나 개최를 지속시키지 못하는 경우도 있다(이경모, 2003).

(2) 관광이벤트의 개최 효과

이벤트 개최로 인해 긍정적인 효과가 있는 반면에 부정적인 영향도 많이 나타난다. 먼저 경제면에서는 소득이 증대되고 고용 창출의 효과가 있다. 또한 관광지의 이미지가 크게 상승하며, 비수기를 극복할 수 있다. 그리고 개최 지역에 대한 관심이 높아지면서 이벤트와 관련된 활동에 참여율도 증가한다. 더불어 지역에 대한 자긍심과 공동체 의식이 강화되고, 지역과 지역 가치에 대한 국내·외의 관심도 증가하게 된다.

반면에 지역 물가가 상승하거나 부동산 투기 등의 문제가 생기기도 한다. 또한 부적절한 시설을 조성하거나 이로 인한 환경 문제, 교통 혼잡, 지역주민과 관광객 사이의 갈등 등 부정적인 영향도 나타날 수 있다.

07. 다음 관광이벤트 상품의 핵심편익을 쓰세요.

축제이벤트	
산업전시·박람회	

08. 관광이벤트의 긍정적 효과가 아닌 것은 고르세요.

① 관광지의 이미지가 크게 올라간다.
② 소득이 높아지고 일자리가 생긴다.
③ 지역에 대한 자긍심과 공동체의식이 강해진다.
④ 부적절한 시설을 만들거나 환경 문제가 발생한다.

2. 메가(mega)이벤트

1) 메가이벤트의 정의

메가이벤트는 올림픽이나 월드컵, 세계박람회와 같은 전 세계인의 이목을 집중시키는 큰 규모의 이벤트를 말한다. 매리스(Marris, 1987)는 방문객 수가 백만 명 이상이고 전체 경비가 5억 달러 이상, 반드시 경험을 동반해야 하는 명성 있는 이벤트라고 정의하고 있다. 이는 다른 이벤트보다 규모가 월등히 커야 한다는 의미이다. 따라서 막대한 투자와 경비가 소요되는 만큼 주로 경제력이 있는 선진국에서 개최되었다.

2) 메가이벤트 개최 효과

메가이벤트는 전 세계적인 관심을 받기 때문에 다른 이벤트에 비해 그 효과가 훨씬 크다고 할 수 있다. 개최 지역은 잠재적 관광지로써 아주 좋은 홍보 기회를 갖게 되며 행사 준비로 개발된 도로 등의 사회간접자본시설 및 이벤트 관련 시설이 이벤트가 끝난 후 지역주민들의 이용을 위해 남게 된다(Ritchie, 1984). 메가이벤트 개최 시 경제적 효과는 다음과 같다.

〈표 12-3〉 메가이벤트의 개최 시 경제적 효과

긍정적 효과	부정적 효과
• 수익증대 및 고용 창출 • 경제구조 다양화 • 정부 세수입 증대, 외화획득	• 물가상승, 각종 시설 투자 비용 증가 • 해외 진흥 홍보비 과다 지출 • 부동산 투기 및 물가상승 • 환경 및 조경 개선에 비용 투자

[출처] 손선미, 관광이벤트론, 대왕사

3) 한국의 메가이벤트 사례

한국에서 열렸던 메가이벤트는 88서울올림픽, 2002 FIFA 월드컵, 2012년 여수세계박람회, 2018년 평창 동계올림픽 등이 있다.

2002 FIFA 월드컵
- **기간:** 2002년 5월 31일 ~ 6월 30일
- **장소:** 한국, 일본 20개 경기장
- **참가국:** 32개국
- **총 관중 수:** 2,705,197명

2018 평창동계올림픽
- **기간:** 2018년 2월 9일 ~ 25일(17일간)
- **장소:** 강원도 평창, 강릉, 정선
- **경기종목:** 총 15종목
- **참가국:** 92개국 약 2,925명

09. 한국에서 개최되었던 메가이벤트를 2개 이상 쓰세요.

(　　　　　　　　　　　　　　　　　　　　　　　　　　)

10. 메가이벤트 개최의 긍정적인 효과가 아닌 것을 고르세요.

① 수익이 증가하고 외화를 벌 수 있다.
② 개최지의 전통 및 미풍양속이 파괴될 수 있다.
③ 이벤트에 대한 현지인의 관심과 참여가 높아진다.
④ 경제구조가 다양화되고 정부의 세금 수입이 증가한다.

3. 축제이벤트

1) 축제의 정의

축제(祝祭)의 축(祝)은 '좋은 일을 맞이할 때 벌이는 잔치', 제(祭)는 '신이나 조상을 모시는 의식'의 합성어이다. 즉 경사스러운 어느 특정한 날을 기념해 인간이 신에게 제사를 지내는 의식이라는 뜻으로 사용되었다. 그러나 오늘날에는 종교적인 의미보다는 개인 또는 공동체에 특별한 의미가 있거나 결속력을 주는 사건 또는 시기를 기념하여 의식을 행하는 행위라고 말할 수 있다.

2) 축제이벤트의 유형

축제이벤트는 점점 다양하고, 복잡하며, 대형화되는 현상을 보이고 있다. 축제는 크게 개최기관별, 프로그램별, 개최목적별, 자원유형별, 그리고 실시 형태별로 구분할 수 있다. 그중에서 축제의 주제가 되는 자원을 유형에 따라 분류하면 아래와 같다.

〈표 12-4〉 자원유형별 축제의 예

분류	예
자연	함평나비축제, 무주반딧불축제, 진도영등제, 한라산눈꽃축제, 퀘벡겨울축제
생활용품	논현가구축제, 일본세시끼칼축제
역사적 사건	행주대첩제, 최무선장국추모제, 영국성발레타인축제
특산물	금산인삼제, 파주장단콩축제, 네덜란드튜울립축제
역사적 인물	왕인문화축제, 효석문화제, 만해제, 단종문화제
음식	광주김치대축제, 남도음식대축제, 한국의 술과 떡잔치, 강경전통맛깔젓축제, 홍콩요리축제, 뮌헨맥주축제
전통문화	양주별산대놀이축제, 고싸움놀이축제

[출처] 이경모, 이벤트학원론, 백산출판사

3) 축제이벤트의 역할

축제이벤트는 관광매력물의 역할을 하며 관광지에 활력을 불어넣어 재방문을 유도한다. 또한 비수기와 계절을 극복하며, 언론 매체의 주목을 받아 지역의 이미지를 개선하는 효과도 있다. 더불어 각 지방 고유의 문화유산을 홍보하는 수단이 되기도 한다.

4) 현대축제의 특성

현대축제의 특성은 가족 중심의 교육을 선호하며, 쾌락 및 오락을 추구하고, 체험에 직접 참여한다는 것이다. 축제를 통해 가정을 튼튼하게 유지하려는 생각이 강하기 때문에 가족 단위의 참여율이 높은 편이다. 또한 자녀의 교육을 중요하게 생각하며, 과거에는 관람자의 입장이었다면 현대에는 체험에 직접 참여하려는 욕구가 강해졌다. 또한 레저형 축제에 대한 요구도 크게 증가하고 있는 추세이다.

11. 다음에서 설명하는 축제의 자원의 유형을 쓰세요.

1) 함평나비축제, 진도영등제, 한라산눈꽃축제 ( )
2) 금산인삼제, 파주장단콩축제, 네덜란드튜율립축제 ( )
3) 광주김치대축제, 남도음식대축제, 강경전통맛깔젓축제 ( )

12. 현대축제의 특성으로 옳지 않은 것을 고르세요.

① 개인 중심 ② 교육 선호 ③ 오락 추구 ④ 체험 참여

01. 다음은 축제 안내문입니다. 글을 읽고 내용과 같으면 O, 틀리면 X 하세요.

보령머드축제

기간: 2021년 7월 23일~8월 1일
장소: 대천해수욕장 머드광장
주제: 세계인과 함께하는 즐겁고 신나는 머드체험!
표어: 가자! 보령으로, 놀자! 머드로

1) 이 축제에는 내국인과 외국인이 모두 참여할 수 있다. (　　)
2) 이 축제에서는 머드를 이용한 다양한 체험을 즐길 수 있다. (　　)

02. 다음은 축제를 소개하는 글입니다. 글을 읽고 물음에 답하세요.

보령머드축제

보령머드축제(Mud Festival)는 충청남도 보령시 대천해수욕장에서 개최되는 지역축제로 한국의 대표적인 여름 축제이다. 머드축제는 보령의 136Km에 이르는 해안의 질 좋은 진흙과 연간 수백만 명이 찾는 대천해수욕장, 그리고 보령시의 적극적인 개최 의지가 잘 맞아서 탄생하게 되었다. 이 축제는 보령머드의 우수성을 알리고 지역의 관광명소를 홍보하기 위해 1998년 7월에 처음 개최되었다.

머드축제를 즐기는 사람들

축제 기간에는 머드를 이용한 머드마사지와 머드체험행사가 운영된다. 대형머드탕, 머드씨름대회, 머드슬라이딩, 갯벌스키대회 등 다양한 프로그램과 함께 볼거리, 놀거리가 많다. 또한 이곳의 진흙은 인체에 유익한 원적외선이 다량 함유되어 있어 피부미용에 탁월한 효과가 있음이 입증되었다. 머드로 만든 머드화장품, 머드비누는 인기 상품 중 하나이다.

보령머드축제는 문화체육관광부에서 선정한 대한민국 대표축제로 '대한민국 글로벌육성축제'로 선정되기도 했다.

1) 윗글의 내용과 <u>다른</u> 것을 고르세요.
① 1998년에 시작되었다.
② 해안 길이는 136Km로 질 좋은 진흙으로 이루어졌다.
③ 머드슬라이딩, 갯벌스키 등 다양한 체험을 즐길 수 있다.
④ 연간 수백만 명이 찾는 대한민국 대표 겨울 관광축제이다.

2) 윗글의 내용과 같으면 O, 다르면 X 하세요.

(1) 이곳의 진흙에는 원적외선이 많아서 피부미용에 좋지 않다. ( )

(2) 질 좋은 진흙과 대천해수욕장, 보령시의 의지가 이 축제를 만들었다. ( )

03. 여러분이 이벤트 기획자입니다. 아래 메모를 참고하여 축제를 하나 고르고, 그 축제에서 하고 싶은 이벤트를 기획해 보세요.

서울불꽃축제, 진주유등축제, 화천산천어축제, 음성품바축제, 안동국제탈춤축제, 이천도자기축제, 부산국제영화제

축제 이름	
이벤트 기간	
이벤트 장소	
참가대상	
개최목적	
이벤트 내용	
전체적인 소개	
캐릭터나 사진	

"함평나비축제"

[출처] 함평군청

주제: 나비와 함께 설레나 봄(피크닉 in 함평)
기간: 2023. 4. 29 ~ 5. 10.
장소: 함평엑스포공원
주최: 함평군
행사 내용: 꽃, 나비, 곤충을 소재로 한 전시, 문화체험행사, 지역 농·축산물 등 전시·판매
후원: 농림축산식품부, 한국관광공사

전라남도 함평나비축제는 나비와 자연을 소재로 한 생태학습축제로 1999년 시작되어 매년 열리고 있다. 이 축제에서는 나비 곤충 생태관과 150여 종의 친환경 농작물의 재배과정을 직접 눈으로 보고 느낄 수 있는 친환경 농업관 등 다양한 전시관을 관람할 수 있다. 그 밖에도 전통민속놀이 거리 퍼레이드, 연극, 사물놀이 등 다양한 행사가 열린다.

함평나비축제는 우리나라의 지역축제 중에서 가장 성공한 축제 중의 하나로 평가받고 있다. 이렇게 평가받는 이유는 축제를 발굴하고 지역주민을 설득한 지자체장의 탁월한 리더십이 있었다. 또 친환경이라는 주제의 독특함과 창조적인 발상, 그리고 재방문율을 높이기 위해 매년 새롭고 신선한 프로그램을 선보인 차별화 전략 때문이다. 그리고 지역주민의 적극적인 참여도 축제를 뿌리내리는 데 크게 기여했다.

문화체육관광부에서 대한민국 최우수축제로 지정한 함평나비축제는 지역축제를 넘어 세계적인 축제로의 도약을 꿈꾸고 있다.

CHAPTER 13

관광정보 사업

서울관광정보(0:00~2:47)

1. 영상에 나온 장소 중에서 여러분이 알고 있는 장소가 있나요?
2. 이 영상을 보고 가고 싶은 곳이 있어요?

생각하기

1. 여러분은 여행을 계획할 때 주로 어디에서 정보를 얻나요?
2. 그 매체에서는 어떤 정보를 알 수 있나요?

■ 아래 어휘와 표현을 알아봅시다.

오픈마켓(On-line Marketplace) 온라인에서의 시장, 특 온라인상의 가상 장터		**갱신주기** 고쳐서 새롭게 바꾸는 갱신 작업과 다음 갱신 작업 사이의 기간	
접근 상대방을 향해 가까이 다가옴		**계량화** 어떤 현상의 특성이나 경향 따위를 수량으로써 표시됨	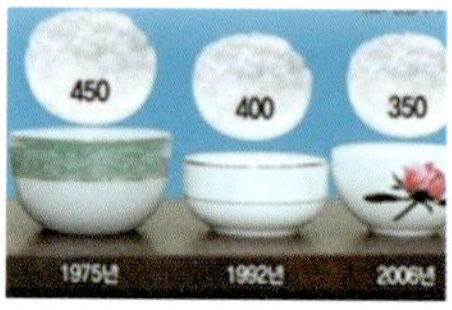
관광현상 휴양의 목적이나 기분 전환, 유람 또는 특수한 행사에 참여, 기타 사정 등에 의하여 거주지에서 일시적으로 떠나는 여행		**불확실성** 판단이나 의사결정에 필요한 적절한 정보의 부족	
통계자료 어떤 현상을 보기 쉽게 일정 체계에 의해 숫자로 나타냄, 통계를 내는 데 바탕이 되는 자료		**합리성** 이론이나 이치에 합당한 성질	

01. (　　) 안에 알맞은 어휘를 골라 쓰세요

오픈마켓	통계자료	갱신주기	계량화되다

1) 복잡한 (　　　　　　　)를 그래프로 그리니까 훨씬 간단해서 보기 쉽다.
2) 우리 지역의 교통사고 빈도와 발생 시각은 (　　　　　　　)어 통계가 이루어진다.
3) 2종 보통 운전면허 소지자는 면허증 (　　　　　　　)가 5년에서 7년으로 변경되었다.
4) 얼마나 많은 소비자가 그 플랫폼에서 물건을 사느냐로 (　　　　)의 순위가 달라진다.

02. '불확실성'이란 어휘의 설명으로 알맞지 <u>않은</u> 것을 고르세요.

① 어제 과장님께 정확한 정보를 드렸다.
② 그 사업이 과연 성공할지 알지 못한다.
③ 새해 세계 경제는 어떻게 될지 모른다.
④ 불법체류자는 신분보장이 확실하지 않다.

■ 아래 어휘와 표현을 알아봅시다.

정보의 홍수 언론 매체와 인터넷을 활용한 통신 기기의 발달로 정보가 넘쳐 나는 현상		**판촉(sales promotion)** 판매촉진의 줄임말로 소비자들의 소비 욕구를 자극함으로써 판매가 늘어나도록 하는 모든 활동	
잠재관광수요 가능성 있는 관광객까지 추정하여 산출된 관광수요		**경영합리화** 적은 비용으로 생산능률을 높일 수 있도록 업무조직, 생산방법 등을 개선하는 일	
창출하다 전에 없던 것을 처음으로 생각하여 지어내거나 만들어 내다.		**플랫폼** 많은 사람들이 쉽게 이용하거나 다양한 목적으로 사용하는 사업 기반으로 소프트웨어가 실행되는 정보시스템 환경	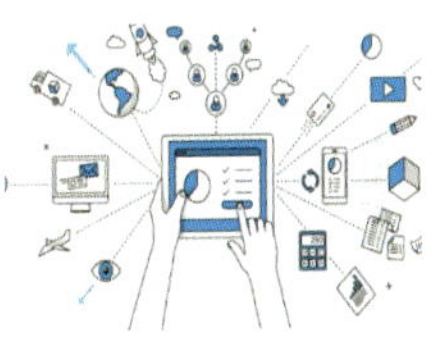
파워 블로거 사람들이 많이 찾는 인기 있는 블로거로 영향력이 큰 블로그 운영자		**구전** 글이나 문자를 쓰지 않고 말로 전하여 내려옴	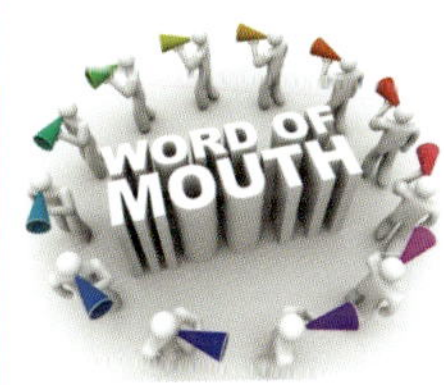

03. (　) 안에 알맞은 어휘를 골라 쓰세요

판촉	구전	창출하다	정보 홍수	잠재관광수요

1) (　　　　　　) 속에서 꼭 알아야 할 정보는 어디서 얻고 있나요?
2) 이 사업은 적어도 만 명의 고용을 (　　　　　　)하게 될 것으로 예상된다.
3) 그 회사는 새로운 제품을 알리기 위해 TV 광고 등 (　　　)행사를 늘리기로 했다.
4) 관광공사는 공연과 현장 체험을 통해 (　　　　　　)를 늘리기 위해 노력하고 있다.
5) 대부분의 옛이야기들이 사람들의 입으로 (　　　　　　)되다가 소설로 만들어졌다.

04. '경영합리화' 어휘의 설명으로 알맞지 않은 것을 고르세요.

① 기업이 경영을 합리화해야 생산성을 높일 수 있다.
② 요즘 경영합리화라는 이름 아래 고용을 창출하고 있다.
③ 올해 우리 회사의 목표는 경영합리화를 통한 수익증대이다.
④ 회사는 경영합리화를 통한 이익금 일부를 사원들에게 돌려주었다.

Chapter 13

관광정보 사업

제1절 관광정보의 개요

1. 관광정보(tourism information)의 정의

명동관광정보센터

이명진은 관광정보를 "관광객들이 관광행동을 선택하고 결정하는 데 필요로 하는 정보를 제공할 목적으로 관광경험에 관한 정보를 수집하고 가치를 평가하여 이를 근거로 관광지와 관광지 내에서의 여가 활동에 대한 정확하고 유익한 정보를 제공하고, 안내 및 해설을 통해 관광객들의 만족 수준을 높이는 것은 물론, 관광지의 관리도 쉽게 하는 것"(이명진, 1994: 72)이라고 정의하고 있다. 다시 말해 관광정보는 관광객과 관광대상을 연결시켜주는 관광매체를 말한다. 최병길(1993)은 관광 관련 업체에서 관광객을 위해 제

공되는 모든 자료라고 하였고, 교통개발연구원(1998)에서는 관광 현상과 직 · 간접적으로 관련된 정보라고 정의하였다. 즉 관광정보는 여행자 또는 그 정보를 이용하려는 사람들에게 여행과 관련된 자료를 수집하고 처리하여 제공되는 정보로 일체의 알림사항이라고 할 수 있다.

2. 관광정보의 기능

관광정보는 관광객과 정보를 이용하는 사람의 의사결정에 따라 중대한 영향을 미치는 직접적 기능과 의사결정 외의 다른 분야에도 영향을 미치는 간접적 기능으로 나눌 수 있다.

1) 직접적 기능

관광정보는 관광객이 관광과 관련된 행동을 판단하거나 선택할 때 참고할 수 있는 예상 자료가 되기 때문에 의사결정에 따른 불확실성을 감소시켜 준다. 또한 합리적이고 신속한 판단과 예상을 할 수 있게 해 준다. 더불어 관광객에게 관광욕구나 동기를 자극하여 잠재관광수요를 창출하게 한다.

2) 간접적 기능

관광기업이나 관련 기관들이 제공하는 관광정보는 관광객의 의사결정에 절대적인 영향을 미치는 것 이외에 관광과 관련된 다른 분야에도 영향을 미치는 것을 말한다. 즉 관광정보 제공은 수요를 창출하여 이윤을 증대시킬 수 있으므로 관광과 관련된 조직을 활성화시킨다. 또한 관광과 관련된 사업의 경영을 합리화시키고 지역 경제의 활성화를 가져온다. 한편 관광지에 관한 정보가 미리 제공된다면 관광객은 관광자원의 훼손을 방지할 수 있으며, 주민들과의 갈등도 줄일 수 있게 된다.

이와 같이 정확하고 상세한 관광정보는 관광객의 관광지에 대한 인식을 제고시킬 수 있으며, 현지 사정에 대한 이해를 도와 만족스러운 관광활동에 기여한다.

01. (   )에 알맞은 어휘를 쓰세요.

관광정보는 여행자 또는 그 정보를 이용하려는 사람들에게 여행과 관련된 자료를 수집하고 처리하여 제공되는 정보로 일체의 (   )이라고 할 수 있다.

02. 관광정보의 직접적 기능으로 알맞지 않은 것을 고르세요.

① 관광관련 조직을 활성화시킨다.
② 관광객의 의사결정에 도움을 준다.
③ 관광객에게 합리성과 신속성을 제공한다.
④ 관광욕구를 자극해서 잠재관광수요를 창출한다.

3. 관광정보의 특성

관광정보는 일반적인 생산품이나 상품처럼 일정한 형태를 가졌다고 할 수 없으며, 범위가 다양하다는 특성을 가지고 있다. 따라서 관광정보의 기본 특성을 다음과 같이 제시할 수 있다(박희석, 1993: 11~12).

첫째, 관광정보의 가장 큰 특징은 무형성이다. 관광정보는 관광지의 소식이나 자료로서 일반 제품처럼 손에 잡힐 수 있는 일정한 모양이 없다. 둘째, 가치특정설로 관광정보는 의사 결정에 있어 그 정보를 필요로 하는 사람에게만 가치를 갖게 되며 관계없는 사람에게는 단순한 일반지식에 불과하며 큰 변화를 주지 않는다. 셋째, 비체계성으로 일반적으로 정보는 체계적인 형태를 띠고 있지 않기 때문에 정보의 가치는 어떻게 분석하고 해석하며, 이해하는가에 달려 있다. 관광정보를 효과적으로 이해하기 위해서는 해당 관광정보의 배경이나 상황의 이해가 중요하다. 또한 관광정보는 사회변화에 민감하기 때문에 변화하는 관광객의 욕구에 맞게 적당한 시기와 장소에 알맞은 정보를 제공하지 못하면 그 가치는 감소하게 된다는 가치체감성이다. 다섯째, 관광 정보는 매체의존성이 매우 강하며, 인터넷을 통한 정보 제공은 매우 중요하다. 마지막은 변화성으로 관광정보는 하루가 다르게 변화하기 때문에 관광정보업체는 다양한 정보를 탐색하여 이에 대해 분석해야 한다.

4. 관광정보의 유형

관광정보의 범위는 매우 넓기 때문에 체계적이고 명확하게 분류하기는 어렵지만 아래의 기준으로 분류할 수 있다.

〈표 13-1〉 관광정보의 유형

분류기준	정보명	특성
갱신유무	동태정보	갱신이 되는 정보로서 일간, 주간, 월간, 연간 등으로 갱신 주기로 나눌 수 있음
	정태정보	갱신될 수 없거나 그 정도가 약한 정보
제공방식	직접정보	관광기업이나 기관에서 관광객 유치를 위하여 또는 관광행동의 변화를 가져올 목적으로 전달
	간접정보	안내 책자, 광고나 홍보물, 구전, 일반적인 문헌 등
이용주체	공공기관정보	관광정책 결정에 필요한 공공기관용 자료, 방한 외국인 관광객 수
	학술정보	관광 관련 교통비, 접근 소요 시간, 연간 휴가 일수 등
	사업정보	연간 투숙률, 평균 체류 일수, 참여율, 이용자 수 등
	일반인용 정보	숙박시설 안내와 편의시설 및 관광지의 소재 등
공간적 분류	국내정보	국내관광지의 소재지, 국내관광 참여율, 숙박시설 등
	국제정보	해외 다른 나라들의 국외관광자 수, 숙박 현황, 국외여행 경비 등
관광객의 정보활용 여부	관광객 지향정보	관광객을 위한 해설, 안내 책자, 잡지 기사, 여행지도 등을 포함한 관광객 지향 자료
	관광객 비지향정보	관광목적을 위해 제작되거나 유통되지는 않지만 관광객에게 상당한 영향을 미칠 수 있는 정보 및 도서 문헌, 구전 등

[출처] 한국관광연구원, 1999.

03. 관광정보의 특성으로 알맞지 않은 것을 고르세요.

① 유형성 ② 가치특정성 ③ 가치체감성 ④ 컴퓨터 의존성

04. 관광정보의 유형 중 어떤 정보에 속하는지 쓰세요. (   )

관광객의 평균 체류 일수와 연간 투숙률, 참여율과 이용자 수 등의 정보

제2절 관광정보시스템 개요

1. 관광정보시스템의 정의

정보시스템은 어떤 정보가 누구에게 어떻게 전달되는가의 관점으로 분류할 수 있다. 박종찬(박종찬, 1999: 30)은 관광정보시스템(TIS: Tourism Information System)이란 관광객이 관광을 하기 전에 특정 통신망을 이용하여 목적지 소개 및 일정을 작성하는 서비스를 제공받고 다른 여행상품과 비교하여 보다 효과적인 관광이 되도록 유도하는 시스템이라고 정의했다.

그러나 이제는 과거와 달리 관광정보시스템의 정의가 새롭게 바뀌어야 한다고 보고 있다. 이에 이웅규 외(2003)는 정보통신기술을 이용하여 관광객의 편안하고 원활한 관광활동을 위한 정보를 관광객에게 적절히 제공해 주는 것, 더불어 관광객 자신뿐만 아니라 주변인도 만족하는 관광정보를 생산하고 유통시키는 것, 그렇게 함으로써 조직목표와 관련된 성과를 증진시키고, 다양한 관광 콘텐츠를 생성할 수 있도록 조직화되고 통합된 인간-기계-네트워크 시스템이라고 정의했다.

2. 관광정보시스템의 중요성

1) 관광산업의 구조적 측면

정부기관과 관광산업과의 관계에 있어 정보는 판촉, 홍보, 규제, 과세 등의 영역에서 서로를 연결하는 중요한 역할을 했다. 그러나 과거에는 관광객의 정보 욕구를 만족시키는 것이 주요 과제였다면 인터넷과 SNS가 발달된 현재는 정보의 공개와 흐름, 그리고 유통에 관점을 두는 것으로 바뀌었다.

2) 관광공급자와 상호관계적 측면

교통, 숙박, 서비스로 대표되는 관광상품은 그 어떤 상품보다도 산업연계성이 품질을 좌우한다. 관광객의 복잡하고 다양한 요구에 따른 서비스를 생산하기 위해서는 관광상품이 생산되어 소비되기까지의 과정에서 산업 간의 정보교류를 연계하거나 또는 통합해야 할 필요가 있다. 과거와 달리 관광공급자가 일방적으로 정보를 제공하는 것이 아니라 관광지, 또는 관광객들끼리 소통해서 관광정보를 창조하거나 창출하는 시대가 되었기 때문이다.

[그림 13-1] 관광공급체계

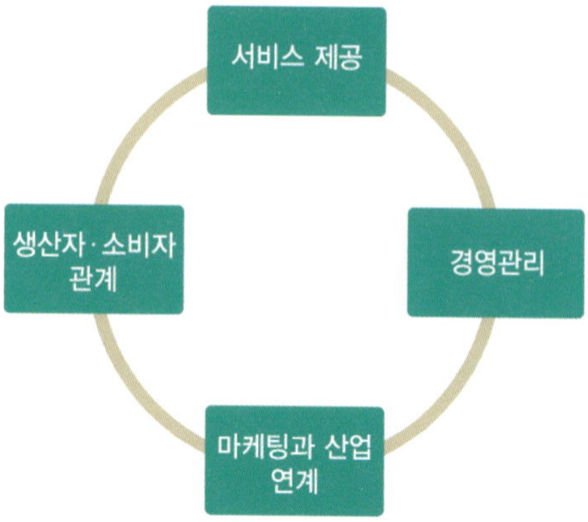

3) 관광소비자와 상호관계적 측면

통신의 발달은 예약이나 발권 등의 관광정보를 관광소비자가 관광공급업체에게 직접 제공하는 수준까지 이르게 만들었다. 또한 블로그 운영을 통해 수많은 관광객과 소통하기도 하는데 파워블로거의 영향력은 매우 크다. 새롭게 등장한 다양한 앱(app)은 관광객과 공급자의 문제나 과제를 해결해 주며, 지역사회와 소통하고자 하는 관광객의 욕구를 해결하는 역할도 한다.

05. 관계있는 것을 연결하세요.

1) 구조적 측면	• •	㉠ 블로그 운영, 다양한 앱 이용
2) 관광소비자와 상호관계적 측면	• •	㉡ 정보의 공개와 흐름, 유통에 관점을 둠

3. 관광정보시스템 발전과정

1970년대 관광분야에 컴퓨터가 도입되면서 여러 종류의 관광정보시스템이 관광 각 분야별로 개발되어 왔다. 그 후 급속한 관광산업의 성장과 더불어 이를 뒷받침하는 인터넷이 등장하면서 관광정보는 정보 홍수를 이루게 되었다. 인터넷을 통해 얻을 수 있는 관광정보는 무한하다고 할 수 있다. 국내는 물론이고 해외의 관광정보도 실시간으로 접할 수 있다. 관광산업의 발전단계에 따른 관광정보시스템의 발전과정은 다음 표와 같다.

〈표 13-2〉 관광산업의 발전단계에 따른 정보화 발전단계

구분	Tour의 시대	Tourism의 시대	Mass Tourism, Social Tourism의 시대	New Tourism의 시대
호텔	수작업에 의한 업무 처리	• 1960년대에 전산 서비스 대행사의 등장으로 관리부서업무의 부분적인 전산화 • 1970년대 들어서 호텔경영 정보 시스템의 출현 • 단순한 회계업무처리에 집중	• 항공사와 여행사와의 연계시스템 구축 • 호텔경영정보시스템의 통합화 추진 • 호텔경영정보 시스템의 표준화 필요성 대두 • 호텔관리자들의 능동적인 정보화 대응전략 수립요구	• 호텔 자체의 차별화된 예약시스템 도입 · 운영 • 호텔상품을 전문으로 취급하는 예약업체의 등장 • 스마트폰의 앱(app)을 활용하기 시작
여행사	수작업에 의한 업무 처리	• 최초의 여행사 등장: 토마스쿡 • 컴퓨터를 활용한 예약 시스템부터 시작 • 항공예약과 고객관리만 수행함 • 정보 시스템의 완전한 활용이 아닌 부분적인 활용으로 아직은 정보화 초기단계임	• 관광정보수집, 관광정보안내, 관광정보의 관리를 위한 관광정보종합 시스템의 구축 • 호텔 · 철도 · 숙박 · 선박여행의 예약 서비스 수행 • 여행보험 · 숙박 항공 · 도로 등의 관광정보 등의 다양한 기능의 편의 서비스 시스템 구축	• 여행사 자체의 완전 전산화로 조직 내 · 외부에서 언제든지 실시간으로 접속 가능함 • 항공 · 호텔 등 관광소비자가 원하는 모든 정보를 집대성하고 있음 • 수익성 있는 전문분야를 특화시켜 독립법인으로 출범시킴 • 실시간으로 관광소비자와의 네 트워킹시스템 구축
항공사	수작업에 의한 업무 처리	• 1960년대에 들어서 전산기술 도입: 여행사로부터 받은 자료를 전산으로 처리하는 내부관리 수준 • 미국은 1978년 '항공사간 규제법' 통과 이후 여행사 · 항공사 간의 정보통신망 연결	• 정보의 질적 · 양적 확충이 급속하게 이루어짐: 항공정보 외에 호텔예약, 렌트카정보, 여행보험정보, 목적지 관련 정보 등이 포함됨 • 관광산업 중에서 가장 빠른 속도의 첨단정보 시스템이 도입 · 운용되고 있음	• 관광소비자와 직접 대면하는 수준의 예약 시스템 구축 • 전자발권 등의 첨단정보 시스템 구축 • e-Ticket, Paperless 등 다양한 첨단정보 시스템 제공 가능 • 관광소비자에게 제공되는 항공사 정보의 질적 향상

[출처] 이웅규 외: 관광정보시스템

06. 관광 시스템의 발전과 관계있는 것을 연결하세요.

1) 호텔	•	•	전자발권, e-Ticket Paperless 시스템
2) 여행사	•	•	관광소비자와 실시간 네트워킹
3) 항공사	•	•	자체 예약서비스, 스마트 앱

4. 정보통신기술과 관광정보시스템

관광정보시스템은 관광의 다른 분야에 비해서 늦게 출발했지만 빠르게 성장하고 있다. 이는 인터넷이 가지고 있는 광역성, 다양성, 경제성 등의 특성 때문이다.

소셜커머스

정보통신기술을 이용한 관광정보시스템에는 소셜커머스와 소셜미디어가 있으며, 이를 활용하기 위해서는 여행업계가 아닌 소셜커머스와 소셜미디어 시장에 대한 이해가 필요하다.

1) 소셜커머스

(1) 소셜커머스의 개념

소셜커머스(Social Commerce)는 소셜네트워크서비스(SNS)를 활용하는 전자상거래를 말한다. 즉 SNS를 통해 제품을 홍보하거나 물품을 판매하는 모든 비즈니스 행위를 뜻한다. 소셜커머스는 특정 제품이나 서비스에 정해진 시간 동안 일정 참가자가 모이면 가격을 할인해 주는 판매방식이다. 페이스북 트위터 등의 소셜미디어와 다양한 미디어를 활용해 할인을 받을 수 있는 일종의 인터넷 공동구매를 말한다.

(2) 소셜커머스가 주목받는 이유

소셜커머스는 지역의 중소기업과 고객을 온라인으로 연결해 주면서 새로운 비즈니스

영역을 만들어 내고 있다. 소셜커머스가 주목받는 이유는 광고효과가 크기 때문이다. 상당 기간 광고효과를 지속할 수 있으며, 소비자가 구매 후기를 남김으로써 고객 하나하나가 돈을 벌어 주기 때문이다. 또한 중소기업은 마케팅에 큰돈을 들이지 않고도 사업을 시작할 수 있다. 가격 할인 폭이 커서 고객의 가격 부담은 적지만 충동구매 가능성은 높아지기 때문이다.

(3) 소셜커머스와 오픈마켓

소셜커머스와 오픈마켓의 차이는 판매의 주체가 누구인지에 따라 달라진다. 오픈마켓은 판매 플랫폼만 제공하고 수수료를 받아가는 방식으로 상품에 문제가 생기는 것에 대한 책임은 없다. 즉 온라인 쇼핑몰에서 판매자와 구매자를 직접 연결시켜 유통 마진을 절약하게 만든 플랫폼 시스템이다. 소셜커머스의 경우 MD(MerchanDiser)가 따로 있고 상품에 문제가 생기면 판매자가 직접 해결하지 않고 해당 마켓의 고객 센터에서 해결해 주는 방식을 가지고 있다. MD가 선택한 상품만을 소비자에게 직접 노출시키며, 노출 빈도가 높다. 따라서 여행기업은 오픈마켓보다 소셜커머스에 진출하는 것이 더 유리하다고 할 수 있다.

(4) 소셜커머스의 활용

관광객의 수준과 요구가 높아지면서 색다른 여행상품을 찾는 사람들이 늘고 있다. 정해진 패키지여행에서 벗어나고 싶어 하는 고객들에게 소셜커머스 여행 코너는 새로운 대안이 되고 있다. 따라서 소셜커머스 여행상품에 대한 마케팅 전략이 반드시 필요하다. 특히 소셜커머스가 중소기업의 여행상품 판매 채널로 인기를 얻으면서 소셜커머스에 상품을 등록하면 여행사 홈페이지나 신문광고에 비해 훨씬 효과가 크기 때문이다.

07. 소셜커머스가 주목받는 이유로 알맞지 <u>않은</u> 것을 고르세요.

① 광고효과가 지속되기 때문이다.
② 소비자가 충동구매할 가능성이 많다.
③ 큰돈이 있어야 사업을 시작할 수 있다.
④ 고객 한 사람 한 사람이 돈을 벌어 준다.

2) 소셜미디어

(1) 소셜미디어의 개념

소셜미디어

소셜미디어란 온라인에서 자신의 생각과 경험, 의견, 정보 등을 서로 공유하고 상호 관계를 형성하거나 확장시킬 수 있는 개방적인 플랫폼을 말한다. 일반으로 텍스트, 이미지, 동영상, 음악 등의 다양한 형태의 것들이 공유된다. 정보의 확산이 빠르고, 접근이 쉬우며 디지털 자료를 적극적으로 사용한다는 특징을 가진다. 소셜미디어의 대표적인 예로는 페이스북, 트위터, 인스타그램, 카카오톡 등이 있다.

(2) SNS(Social Network Service)와 관광정보

소셜네트워크서비스(SNS)는 인터넷에서 친구 등 지인과의 인맥을 쌓아 폭넓은 인간관계를 형성할 수 있도록 해 주는 서비스이다. 초기에는 주로 친목 도모로 활용되었으나, 최근에는 소셜네트워크서비스를 통하여 최신정보를 찾고 이를 활용하는 사람들이 많아졌다. 보통 비슷한 가치를 가진 사람들끼리 모이며 자신의 생각을 쓰고 읽으며, 사진을 찍는다. 또한 관심 분야를 함께 만들고 서로 공유하며 공감하고 소통한다. 그러므로 관광정보시스템이 발전하려면 SNS와의 체계적이고 효과적인 연동을 통해 시장을 선점하고 마케팅영역을 확대해야 한다.

(3) 사물인터넷과 관광정보

사물인터넷은 말 그대로 사물과 사물끼리 인터넷을 통해 정보를 주고받는 것이다. 스마트폰, PC, 자동차, 냉장고나 세탁기, 시계 등 모든 사물이 인터넷에 연결되는 것을 말한다. 지금껏 사람이 정보를 주고 사물이 받기만 했다면, 사물인터넷 시대에는 사물끼리 정보를 주고받을 수 있다. 핵심은 연결인데 통신망이 발달하면서 사람과 사람, 사람과 사물 사이의 연결에서 사물과 사물 사이의 연결로 진화한 것이다. 즉 세상 모든 물건에 통신 기능이 들어있는 것을 뜻하며, 통신 기능을 통해 정보를 수집하고 이를 다시 가공해서 사용자에게 정보를 제공할 수 있다. 따라서 모든 사물이 인터넷에 연결되어 있어 서로 정보를 공유하고 원격으로 조정이 가능하다.

(4) 관광산업의 발전 방향

관광산업이 미래산업으로 진출하기 위해서는 경쟁력을 강화해야 한다. 관광 관련 정보·통신기기 및 소프트웨어 등 새로운 산업이 육성되어야 하며, 주변산업과의 연계성이 많은 사업인 만큼 이를 고려한 시스템구축이 필요하다.

초고속 관광정보통신서비스 구축을 위해서는 서비스를 사용할 각 개인을 중심으로 지능화(intelligent), 멀티미디어화(multimedia), 인간화(human)를 구현해야 한다. 또한 앞으로 급변하는 관광정보에 대처하기 위해서는 정보시스템의 이용과 보급이 반드시 필요하다. 최근 4차산업혁명에 따라 새로 등장한 스마트관광(Smart Tourism) 등 디지털 콘텐츠에 대한 투자는 여행 수요와 욕구에 대한 시대적 트렌드를 따라간다는 것을 의미한다.

08. 내용과 같으면 O, 틀리면 X 하세요.

1) SNS는 최근에 주로 친목 도모 용도로 활용되고 있다. (   )

2) 사물인터넷은 인터넷과 연결된 사물들이 서로 정보를 공유하고 조정한다. (   )

3) 관광산업이 발전하기 위해서는 정보시스템을 이용하고 보급해야 한다. (   )

01. 다음은 제주관광공사 홈페이지입니다. 글을 읽고 내용과 같으면 O, 다르면 X 하세요.

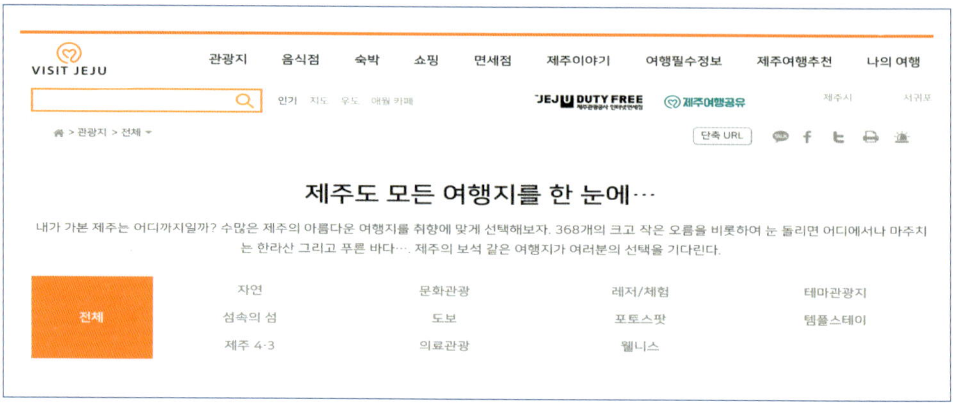

1) 이 홈페이지에서 비행기표를 구매할 수 있다. (　　　)
2) 제주도의 관광지와 음식점, 숙박에 대한 정보를 알 수 있다. (　　　)

02. 다음은 여행정보 포털사이트를 소개하는 글입니다. 글을 읽고 물음에 답하세요.

[사진출처] 비짓제주 홈페이지

비짓제주(VISIT JEJU)는 제주관광공사가 직접 운영하고 있는 여행정보 포털사이트이다. 제주도의 관광지, 음식, 숙박, 쇼핑, 면세점뿐만 아니라 제주도의 문화와 역사, 여행 필수 정보 등을 안내하고 있다. 이곳에서는 장애인을 위한 특별한 여행안내를 하고 있는데 바로 '같이가치 제주여행'이라는 페이지다. 장애가 있는 관광약자들이 편하게 여행할 수 있도록 다양한 방법으로 정보를 제공하고 있다.

장애인, 고령자, 유모차 동반 관광객이 모두 편하게 제주를 즐길 수 있도록 '장애인 접근성 픽토그램 안내'를 해 주고 있다. 또한 '보조기구 수리 및 대여, 장애인 콜택시 정보', 청각장애인을 위한 '수어 설명 영상'도 함께 제공한다. 'E-Book & 오디오북'에서는 시각장애인을 위한 홍보물을 무료로 보급하고 있으며, '휠체어 사용자를 위한 '실외 길안내 서비스'도 실행하고 있다.

이제 이러한 서비스들이 사회 전반에 걸쳐 이루어진다면 모든 여행객들이 장애와 관계없이 편하게 여행할 수 있을 것이다.

1) 글의 내용과 다른 것을 고르세요.

① 비짓제주에서 제주도의 여행정보를 알 수 있다.
② 앞으로 장애인을 위한 픽토그램 안내 서비스가 제공되어야 한다.
③ '같이가치 제주여행'은 관광약자들이 편하게 여행할 수 있도록 도와주고 있다.

2) 내용과 같으면 O, 다르면 X 하세요.

(1) 사각장애인을 위한 홍보물이 유료로 제공된다. (　　　)

(2) 청각장애인을 위한 수어 설명 영상이 제공된다. (　　　)

03. 각 지방자치단체의 홈페이지를 방문해서 관광지를 어떻게 소개하고 있는지 정보를 찾아보세요. 그곳에서 소개하는 숙박 현황, 대표 관광지, 대표 음식이나 특산물 등을 검색해 보세요. 그다음 정보를 가장 잘 소개하고 있는 곳은 어디인지 다른 팀과 비교해 보세요.

[보기] 대한민국 구석구석　서울시청 관광 홈페이지　경기관광공사 부산관광공사　제주관광공사　경상북도문화관광공사　관광협회

1) 방문한 홈페이지는 어디인가?	
2) 그 홈페이지에서는 어떤 정보를 제공하고 있는가?(숙소, 교통, 관광지, 체험거리, 음식, 역사 등)	
3) 그중에서 찾고 싶은 정보는 무엇인가?	
4) 그 정보를 전달하는 방식은 무엇인가? (동영상, 사진, 소개 글, 홍보용 책자, 이벤트 등)	
5) 원하는 만큼의 정보를 얻을 수 있었는가?	
6) 더 알고 싶은 정보는 무엇인가?	
7) 내가 만약 그 홈페이지 관리자라면 어떤 정보를 어떤 방법으로 더 소개하고 싶은가?	

한국관광공사 "대한민국 구석구석"

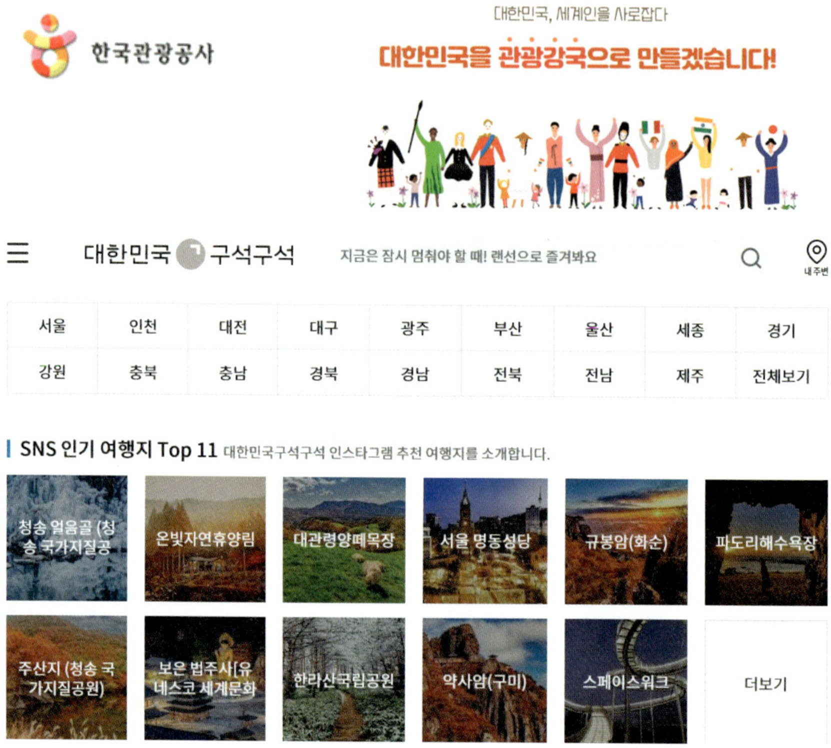

[사진출처] 한국관광공사 홈페이지 http://www.visitkorea.or.kr/intro.html

한국관광공사(Korea Tourism Organization, KTO)는 해외관광객을 유치하기 위해 1962년 설립된 정부기관이다. 한국관광공사의 주요 업무는 해외시장 개척, 국제회의 유치, 국제협력, 국제관광 이벤트, 관광안내 정보서비스, 관광자원 개발 등이다. 또한 대한민국이 관광 상품화될 수 있도록 숙박, 교통, 서비스의 네트워크를 구축하고, 새로운 관광지를 개발하는 등 다양한 사업을 하고 있다.

특히 한국에 대한 관광 및 홍보를 위해 영어 외 15개 언어로 검색할 수 있는 "대한민국 구석구석(http://www.visitkorea.or.kr)"이란 홈페이지를 운영하고 있다. "대한민국 구석구석"에서는 대한민국의 관광지를 지역별, 계절별, 테마별로 구분해서 누구나 쉽게 정보를 찾을 수 있도록 했다. 여행 정보뿐만 아니라 국내외 여행 관련 영상, 사진 등 상세정보도 제공하고 있다.

또 인터넷뿐만 아니라 블로그, 포스트, 페이스북, 트위터, 카카오스토리, 유튜브, 인스타그램 등 SNS를 통해서도 편리하게 접근할 수 있다. 여기에 이용자들이 남긴 후기를 보면서 여행 장소를 선택할 때 참고할 수도 있다. 멋진 여행을 하고 싶을 때 편리하게 이용할 수 있으므로 여행 전 미리 검색해 보는 것도 좋은 방법이다.

참고문헌

1. 국문 저서

고상동 외(2021), 리조트산업의 이해, 백산출판사.

고승익 외(2002), 관광이벤트론, 백산출판사.

김기홍 외(2019), MICE경영과마케팅, 대왕사.

김성혁(1995), 국제회의산업론, 대왕사.

김창수(2007), 테마파크의 이해, 대왕사.

박종찬(1999), "인터넷을 활용한 관광목적지 정보 시스템 구축데 관한 연구", 세종대학교 박사학위 청구논문.

박지선(2007), "프랑스테마파크 콘텐츠 현황과 기획의 스토리텔링 체계", 한국 프랑스학 논집, 제59호.

박희석(1993), "관광정보 시스템의 데이터베이스 구축방안에 관한 연구", 경기대학교 대학원 석사학위논문, 이시아나 애바카스(1997), 내부자료.

손선미(2008), 관광이벤트론, 대왕사.

손선미(2010), "레크리에이션 이벤트참가 대학생의 체험, 만족, 후속태도의 영향관계", 호텔관광연구, 12(2): 136-149.

손선미(2020), 관광이베트론, 대왕사.

신동숙·박순영(2020), 관광법규의 이해, 백산출판사.

안대희, 우성근, 임미라 (2013), 관광사업론, 대왕사.

윤형호(2006), 수도권 테마파크 현황과 발전방안, 서울연구원, 4월호. https://www.si.re.kr/node/44759

유희중(2010), "스토리텔링에 기반한 테마파크 조성연구: 한국영화콘텐츠를 중심으로", 이화여자대학교 대학원 석사학위논문.

이경모(2003), 이벤트학원론, 백산출판사.

이경모(2020), 이벤트학원론, 백산출판사.

이명진(1994), "관광지 내의 관광정보 서비스체계에 관한 연구", 관광·레저연구.

이용근(2005), 21세기n나홀로 여행, 사이버여행아카데미.

이웅규 외(2003), 관광정보시스템론. 대왕사.

이재곤 외(1998). 폐광지역 관광개발을 통한 지역경제 활성화 방안 연구: 문경지역을 중심으로, 관광경영학 연구 3권.

이충기 외(2019), 카지노 산업의 이해, 대왕사.

정봉원(2000), 외식산업과 창업론, 형설출판사.

정환, 강동호(2016), 최신관광사업론, 대왕사.

진현식 외(2006), 테마가 있는 리조트 개발 및 경영. 형설출판사.

채용식 외(2003), 현대리조트개발론, 현학사.
최병길(1993), "일반시스켐 이론을 적용한 개념적 관광: 여행정보 시스템의 접근 방법", 산경논집, 제주대학교, 7집.
추상용(1998), 한국 외식산업 종사자의 이직률에 관한 연구, 한국조리학회지, 제4권.
하동현, 조문식 (2011), 관광사업론, 대왕사.
하명신 외(2007:132), 동북아 크루즈산업의 현황과 발전방안, 한국항만경제학회지, 23(3).
하인수(2002), "국내 크루즈산업의 개발방안에 관한 연구", 세종대학교 박사학위논문.

2. 국문자료

국내 카지노업체 현황, 문화체육관광부 2021누리집
박경희(2006), 동북아 크루즈산업의 현황과 전망 p411
한국관광공사(1994:8~10)
한국관광연구원(1999), 관광안내정보 시스템 구축방안
한국관광공사, 한국국제회의 산업현황, 1997.

3. 국외 문헌

Marris, T.(1987), "The Role and lmpact of Mega-events and Attractions on Regional and National Tourism Development: Resolutions of the 37th Congress of the ALEST, Calgary", *Reveu de Tourisme*, 4: 3~12.
Wilkinson, D.(1988), "A Guide to Effective Event Management and Marketing", *Willowdale,* Ontario: the Event Management and Marketing Institute.
Rithie, J.R.B.(1984), "Assessing the Impact of Hallmark Events: Conceptual and Research Issues", *Journal of Travel Research*, 23(1): 2~11.
ブレーソ 誠文堂新光社, 12月号, 1996.

4. 온라인 자료

https://brunch.co.kr/@0f30b2cfe62743c/48
https://koreascience.kr/article/CFKO200727465786323.pdf
https://www.si.re.kr/node/44759
https://www.mcst.go.kr/kor/s_policy/dept/deptView.jsp?pSeq=1477&pDa taCD=0417000000&pType
http://www.koreacasino.or.kr/kcasino/main/casinoMain.do
http://www.visitkorea.or.kr/intro.html
https://www.asiae.co.kr/article/2021062509505131617
https://www.mcst.go.kr/kor/s_policy/dept/deptView.jsp?pSeq=1477&pDataCD=0417000000&pType

https://koreascience.kr/article/CFKO200727465786323.pdf

https://brunch.co.kr/@0f30b2cfe62743c/48

http://www.koreacasino.or.kr/kcasino/main/casinoMain.do

5. 동영상 출처

01장: https://www.youtube.com/watch?v=7-v7dlfL3o8&t=9s

02장: https://www.youtube.com/watch?v=soshQAiEJgI

03장: https://www.youtube.com/watch?v=mpT60SMmR8Y

04장: https://www.youtube.com/watch?v=pq3vSuc_1dY

05장: https://www.youtube.com/watch?v=3n8106brsg4&t=205s

06장: https://www.youtube.com/watch?v=wILWfgyCdz8&t=268s

07장: https://www.youtube.com/watch?v=cqMpZKE2aVY

08장: https://www.youtube.com/watch?v=ZsAfWUf42LU

09장: https://www.youtube.com/watch?v=c1_EpSdG3kQ

10장: https://www.youtube.com/watch?v=g-fBIpSYGJ0&list=TLGGN2N0vc3P0IowNzAxMjAyMg

11장: https://www.youtube.com/watch?v=xClM8oHsJRw

12장: https://www.youtube.com/watch?v=5xz!XkEpsiw

13장: https://mediahub.seoul.go.kr/archives/200156

6. 사진 출처(각 장 첫 들어가기 사진)

03장: https://brunch.co.kr/@kkio0901/144 (다양한 여행업계 회사 로고)

04장: https://kr.hotels.com/ho709282496/seukaibyugwangwanghotel-chang-won-hangug/ (관광호텔)

05장: https://www.eurail.com/ko/get-inspired/trains-europe/scenic-train-routes (철도)
https://callbus.tistory.com/entry/%EB%B6%80%EC%82%B0-%EA%B4%80%EA%B4%91%EB%B2%84%EC%8A%A4-%ED%9B%84%EA%B8%B0-45%EC%9D%B8%EC%8A%B9%EB%8C%80%ED%98%95%EB%B2%84%EC%8A%A4-%EC%A2%8B%EC%95%84%EC%9A%94 (버스)
https://www.gereports.kr/where-will-the-next-100-take-us/ (항공)

08장: https://korean.visitkorea.or.kr/detail/ms_detail.do?cotid=78a00ac3-ad3c-4637-8629-48aefb22a79b&big_category=A02&mid_category=A0202&big_area=1 (롯데월드)

09장: https://commons.wikimedia.org/wiki/File:2010.11.12._%EC%84%9C%EC%9A%B8_G20_%EC%A0%95%EC%83%81%ED%9A%8C%EC%9D%98_%287445572734%29.jpg

11장: https://sonoresort.tistory.com/4(소노호텔 & 리조트)

7. 사진 출처(장별)

01장

https://blog.naver.com/unesco114/221786554509
http://chedulife.com.au/%EC%97%AD%EA%B2%BD-%E6%98%93%E7%B6%93-2/
http://db.history.go.kr/introduction/intro_kj.html

02장

www.durunubi.kr
korean.visitkorea.or.kr

03장

https://m.blog.naver.com/PostView.naver?isHttpsRedirect=true&blogId=sangaecom&logNo=220182507018
http://www.jejueconomy.com/news/articleView.html?idxno=9366
https://m.blog.naver.com/forysd1986/221332171770
https://www.hankyung.com/international/article/201906116536i

04장

https://www.mk.co.kr/news/culture/view/2020/02/203849/
https://kilta.funandzam.com/%ED%95%98%EB%A3%A8-%EC%88%99%EB%B0%95%EB%B9%84%EA%B0%80-%EC%95%84%EB%B0%98%EB%96%BC-%ED%95%9C%EB%8C%80-%EA%B0%92-5%EC%84%B1%ED%98%B8%ED%85%94-%EC%8A%A4%EC%9C%84%ED%8A%B8%EB%A3%B8-%EC%8B%A4%EB%82%B4/
https://m.blog.naver.com/PostView.naver?isHttpsRedirect=true&blogId=xenadu8588&logNo=221325797229
https://brunch.co.kr/@allstay/638
https://www.lottehotel.com/jeju-hotel/ko/rooms/premier-suite-room-ocean-view.html
ttps://localview.co.kr/store/detail.asp?seq=405109037
https://post.naver.com/viewer/postView.nhn?volumeNo=27055008&memberNo=544106
https://www.kihoilbo.co.kr/news/articleView.html?idxno=784238
https://ko.wikipedia.org/wiki/%EB%8C%80%EB%B6%88%ED%98%B8%ED%85%94
https://jemulpoclub.com/Notice/?idx=5591036&bmode=view
https://namu.wiki/w/%EC%86%90%ED%83%81%ED%98%B8%ED%85%94
https://blog.naver.com/nscity/221367172189

05장

https://kr.123rf.com/photo_12357504_%EA%B5%90%ED%86%B5-%EC%95%84%EC%9D%B4%EC%BD%98%EC%9D%98-%EC%84%B8%ED%8A%B8-%EA%B4%80%EA%B4%91-%EA%B5%90%ED%86%B5.html

https://cmobile.g-enews.com/view.php?ud=2021111015393375456 20e02e8e3_1&md=20211111141302_S

http://m.ecotiger.co.kr/news/articleView.html?idxno=32783

https://www.jejumaeil.net/news/articleView.html?idxno=300501

https://www.hani.co.kr/arti/PRINT/689078.html

https://www.yna.co.kr/view/AKR20170311003500003

https://www.kmcu.ac.kr/kmctour/index.php?pCode=MN6000034

https://blog.hyundai-rotem.co.kr/163

http://www.jejusori.net/news/articleView.html?idxno=320135

https://m.blog.naver.com/PostView.naver?isHttpsRedirect=true&blogId=fly_jam&logNo=220757139410

http://www.goodmorningcc.com/news/articleView.html?idxno=253883

https://post.naver.com/viewer/postView.nhn?volumeNo=17892658&memberNo=387676

06장

https://www.royalcaribbean.com/

https://www.royalcaribbean.com/

https://www.cruiselines.co.kr/19

https://www.cruiselines.co.kr/19

https://ko.wikipedia.org/wiki/%EC%A0%9C%ED%8A%B8%EC%8B%9C%EB%8C%80

https://m.blog.naver.com/PostView.naver?blogId=townsley&logNo=110158009656&proxyReferer=https:%2F%2Fwww.google.com%2F

https://movie.daum.net/moviedb/main?movieId=1051

https://www.liveaboard.com/kr/cruise/arctic

https://www.liveaboard.com/kr/cruise/arctic

08장

https://kr.trip.com/m/thingstodo/detail/17005418/

https://m.blog.naver.com/PostView.naver?isHttpsRedirect=true&blogId=gkgkgk1205&logNo=10169752994

https://www.si.re.kr/sites/default/files/200604_efocus01_1.pdf

https://post.naver.com/viewer/postView.nhn?volumeNo=29426505&memberNo=41739456

09장

https://www.mofa.go.kr/www/brd/m_4080/view.do?seq=371875

https://myfair.co/exhibition/80599

https://korean.visitkorea.or.kr

https://korean.visitkorea.or.kr/detail/ms_detail.do?cotid=78a00ac3-ad3c-4637-8629-48aefb22a79b&big_category=A02&mid_category=A0202&big_area=1

10장

- https://korean.visitkorea.or.kr
- https://www.odysseantravel.com/cruise-guide/Allure-of-the-Seas
- http://www.issuemaker.kr/news/articleView.html?idxno=33584
- koreacasino.or.kr
- http://www.koreacasino.or.kr/kcasino/main/casinoMain.do

11장

- https://search.daum.net/search?w=img&nil_search=btn&DA=NTB&enc=utf8&q=%EC%9D%BC%EA%B4%91%EC%9A%95
- https://search.daum.net/search?w=img&nil_search=btn&DA=NTB&enc=utf8&q=%ED%8F%89%EC%B0%BD%EC%98%AC%EB%A6%BC%ED%94%BD
- https://search.daum.net/search?nil_suggest=btn&w=img&DA=SBC&q=%EA%B3%A8%ED%94%84
- https://search.daum.net/search?nil_suggest=btn&w=img&DA=SBC&q=%EA%B3%A8%ED%94%84%EC%9A%A9%ED%92%88
- um.net/search?nil_suggest=btn&w=img&DA=SBC&q=스파
- https://search.daum.net/search?nil_suggest=sugsch&w=img&DA=GIQ&sq=%EC%9B%8C%ED%84%B0%EC%8A%AC%EB%9D%BC&o

12장

- https://search.daum.net/search?nil_suggest=btn&w=img&DA=SBC&q=%EC%98%AC%EB%A6%BC%ED%94%BD
- https://search.daum.net/search?nil_suggest=btn&w=img&DA=SBC&q=%EB%8B%A4%EB%8F%84%EA%B5%90%EC%9C%A1
- https://search.daum.net/search?nil_suggest=btn&w=img&DA=SBC&q=%EC%9D%B4%EB%B2%A4%ED%8A%B8+%EA%B5%90%EB%A5%98
- https://search.daum.net/search?nil_suggest=btn&w=img&DA=SBC&q=%EB%A8%B8%EB%93%9C%EC%B6%95%EC%A0%9C
- https://search.daum.net/search?nil_suggest=sugsch&w=img&DA=GIQ&sq=%ED%95%A8%ED%8F%89%EB%82%98%EB%B9%84&o=1&sugo=15&q=%ED%95%A8%ED%8F%89+%EB%82%98%EB%B9%84%EC%B6%95%EC%A0%9C

13장

- http://www.newstomato.com/one/view.aspx?seq=422857
- https://biz.newdaily.co.kr/site/data/html/2018/09/11/2018091100032.html
- https://biz.chosun.com/international/international_general/2021/06/16/Z3VO6I2GENFENG577CH7EZWUJE/
- https://www.visitjeju.net/kr/detail/list?menuId=DOM_000001718001000000&cate1cd=cate0000000002#p1&region2cd&pageSize=6&sortListType=reviewcnt&viewType=thumb
- http://www.visitkorea.or.kr/intro.html

모범답안

01장

어휘

01. 1) 소득 2) 세제 3) 소비 4) 욕구 5) 국경

02. 1) 요소 2) 매체 3) 객체 4) 주체 5) 편의시설

03. 1) 자연자원 2) 인문자원 3) 인문자원 4) 인문자원

본문

01. 1) 여행 • —— • 계획 없이 부산행 열차를 타고 해운대 밤바다를 보고 왔다.
    2) 관광 • —— • 여행사를 통해 4박 5일 일정으로 베트남에서 쉬고 올 생각이다.

02. 1) 관광객 2) 관광을 하는 나라의 정부

03. 1) 국내관광 • —— • 한국인이 제주도를 여행한다.
    2) 외래관광 • —— • 미국인이 서울을 여행한다.
    3) 국외관광 • ╳ • 미국인이 시카고를 여행한다.
    4) 외국인 해외관광 • ╳ • 한국인이 하와이를 여행한다.

04. 1) 순수목적관광 2) 겸목적관광

05. 1) 순수목적관광 2) 겸목적관광

06. 1) 유동형 관광 • ╳ • 

    2) 목적형 관광 • ╳ •

    3) 체제형 관광 • —— • 

07. ① 관광주체 ② 관광매체 ③ 관광객체 ④ 자연관광자원 ⑤ 인문관광자원

08. ① 공간적 매체 ② 시간적 매체 ③ 기능적 매체

09. 관광주체, 관광객체, 관광매체

10. ③
11. 1) 5 2) 4
12. 관광시장, 관광기업, 지역사회, 정부
13. ③

과제활동

1) ④
2) ①
3) ① → ③ → ② → ④

02장

어휘

01. 1) 운송 2) 제조업분야 3) 수익 4) 용역
02.

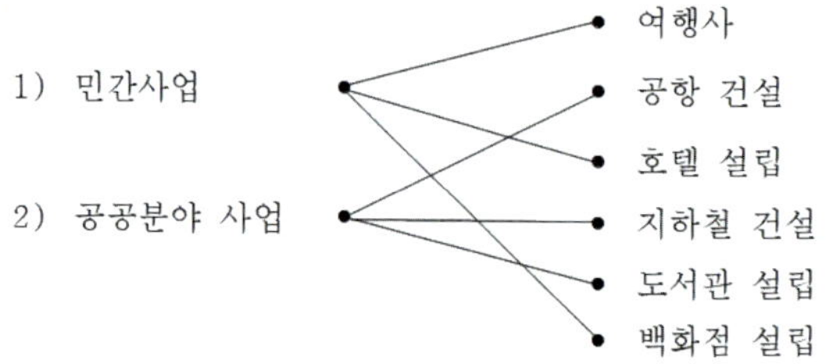

03. 1) 지역사회 2) 국제수지 3) 외화획득 4) 이직률 5) 자연자원
04. ①

본문

01. 1) 관광사업 2) 관광산업
02. ①
03.

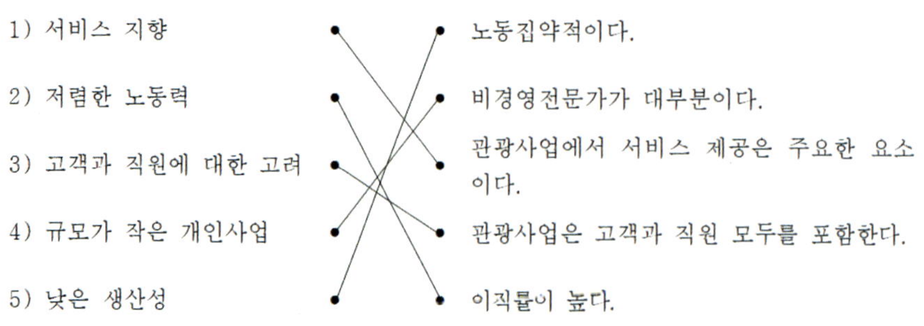

04.

유원시설업	카지노업	관광객이용시설업

관광숙박업	국제회의업	관광편의시설업

05. 1) O 2) O 3) X

06. ② → ③ → ①

07. ③

08. 1) O 2) X

09. ④

10. 1) O 2) O

과제활동

01. 써 보세요.

02. 써 보세요

03장

어휘

01. 1) 운용자금 2) 사무자동화 3) 여행소매업 4) 알선

02. ①

03. 1) 재무위험도 2) 소액 자본 3) 대중관광 4) 부실여행사

04. 1) X 2) O

본문

01. ①

02. ②

03. 이야기해 보세요.

04. 1) 일반 여행업 — 팜드롱 씨는 5천만 원 이상의 자본금이 있으며, 국내외 여행자를 대상으로 하는 여행사를 차리고 싶어 한다.
2) 국내 여행업 — 수바스 씨는 1,500만 원 자본금이 있으며, 국내를 여행하는 내국인을 대상으로 여행사를 차리고 싶어 한다.
3) 국외 여행업 — 왕후아 씨는 3천만 원 자본금이 있으며 국내를 여행하는 외국인을 대상으로 여행사를 차리고 싶어 한다.

05. 1) O 2) O

06. 1) 이질성 — 이 여행상품은 젊은 사람들에게는 평이 좋으나 고령층에게는 평이 좋지 않았다.
2) 모방성 — 열심히 준비한 여행상품을 다른 여행사가 똑같이 따라 했다.
3) 수요의 계절성 — 여름에는 스키장 여행상품이 안 팔린다.

07. ③

08. 말해 보세요.

과제활동

01. 1) 여행업은 사회문제에 민감하게 반응한다는 것을 알 수 있다.
2) 관광의 주체는 관광객이며, 관광객이 처한 사회적 환경은 여행을 결정하는 중요한 요소로 작용한다.

02. ③

03. 1) ② 2) ①

04. 써 보세요.

04장

어휘

01. 1) 모텔 2) 취사시설 3) 연수시설 4) 여관 5) 노후선박

02. 1) 연중무휴 2) 마모 3) 고객응대 4) 배낭여행 5) 개별관광객

본문

01. ①

02. 이야기해 보세요.

03. ①

04. 이야기해 보세요.

05. 1) 의료관광호텔업
2) 한국전통호텔업
3) 호스텔
4) 휴양콘도미니엄업
5) 소형호텔업

- 회원 및 관광객이 숙박과 취사, 부대시설을 이용할 수 있다.
- 소규모 숙박과 부대시설을 갖추고 있다.
- 개별관광객 또는 배낭여행객을 위한 숙박시설이다.
- 한국전통 건축물에 숙박과 부대시설을 갖추고 관광객이 이용할 수 있도록 하였다.
- 의료관광호텔시설과 의료관광시설을 갖추고 있다.

06. 1) 베드 앤 블랙퍼스트 2) 저가격 호텔 3) 스위트 호텔

07. 1) 컨벤션 호텔
2) 리조트 호텔
3) 상용호텔

- 휴가여행객들이 주 고객층이며 경치가 좋은 곳에 위치해 있다.
- 컨벤션의 성공적인 개최가 가능한 서비스와 시설을 갖추고 있다.
- 비즈니스호텔이라고 불리기도 하며 주로 도심에 위치해 있다.

08. 이야기해 보세요.

과제활동

01. 1) 6명 2) 파티룸 3) 친구들과 연말파티를 즐기고 싶은 사람
02. 1) X 2) X 3) X 4) O
03. 1) ③ 2) ④
04. 써 보세요

05장

어휘

01. 1) 무형재 2) 이동수단 3) 운임 4) 통제 5) 관광수요
02. 1) 운송사업 2) 기상상태 3) 운행편수 4) 홍보
03. ①

본문

01. ②
02. 이야기 해보세요
03. ②
04. 1) O 2) X 3) X

05. ①

06. 1) X 2) O

07.

1) 전세버스 관광	버스를 빌려 목적지까지 여행
2) 개별패키지 관광	버스회사가 개별여행자를 모아 목적지로 이동하는 상품
3) 연계교통관광	도시의 주요 관광지를 여행하는 관광 상품
4) 도시패키지 관광	버스와 다른 교통수단을 연결하여 여행하는 상품

08. 1) X 2) X

09. 이야기해 보세요.

과제활동

01. 1) X 2) O

02. 1) 부산시티투어버스 이용권, 태종대유원지 다누비 열차권, 낙동강 생태탐방선을 포함한 상품
2) 부산을 여행하고 싶은 모든 사람
3) 부산투어 홈페이지에서 구매한다.

03. 1) ② 2) ③ 3) 써 보세요.

06장

어휘

01. 1) 출항 2) 운항 3) 선상 4) 연안 5) 기항지

02. 1) 버뮤다 지역 2) 카리브해 3) 알래스카 4) 지중해 5) 남지나해

본문

01. 1) 여객선 2) 유람선 3) 크루즈

02.

1)	니쉬 크루즈
2)	럭셔리 크루즈
3)	컨템퍼러리 크루즈
4)	프리미엄 크루즈
5)	버짓 크루즈

03. 제트 여객기, 해상관광

04. ①

05. 1) 활성화선략 2) 유통경로전략 3) 가격전략 4) 상품 및 서비스전략

과제활동

01. 1) X 2) X 3) O

07장

어휘

01. 1) 방역 2) 접객업 3) 요식업 4) 무인결제 5) 패밀리 레스토랑
02. 1) 공동 구매 2) 다국적기업 3) 인건비 4) 국민소득 5) 프랜차이즈

본문

01. 1) O 2) O 3) X
02. ①
03. 서비스, 분위기, 고객가치
04. 1) X 2) O 3) O
05. 1) 이직률이 높은 편이다 2) 적은 돈으로 창업하기 쉽다 3) 노동력이 많이 필요하다
06. 1) X 2) O 3) O
07.
08.

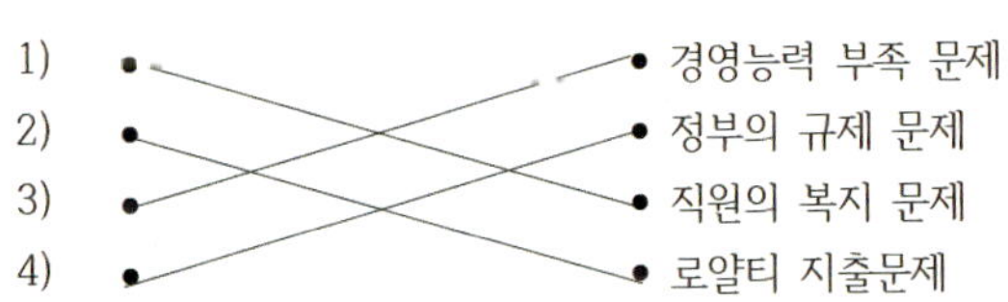

09. ①, ③

과제활동

01. 1) ②
    2) (1) O (2) X

08장

어휘

01. 1) 시설의 진부화 2) 탑승시설 3) 캐릭터 4) 비일상의 경험 5) 복합리조트단지
02. 1) 종주국 2) 여가활동 3) 수익성 4) 경쟁력 5) 중복투자

본문

01. ① 놀이공원 ② 테마파크, 테마공원

02.

이천 도자기촌	한국 민속촌	롯데월드	쏠비치
산업을 주제로 하였다. (관광형 테마파크)	인간사회의 민속을 주제로 하였다. (관광형 테마파크)	놀이를 주제로 하였다. (위락형 테마파크)	바다의 레저 관광을 하였다. (리조트형 테마파크)

03.

04. ① 비일상성 ② 테마성 ③ 통일성

05. ④

06. 1) O 2) O 3) X 4) O 5) X

07. ②, ④

과제활동

01. 1) 한국의 전통문화
 2) 시민과 함께 가꾸고 즐기는 휴식공간이자 동식물, 생태공원을 모두 볼 수 있어서

02. 1) O 2) O 3) X 4) X

09장

어휘

01. 1) 청중 2) 공공성 3) 회담 4) 공개토론회 5) 교역

02. 1) 정치 2) 바이어 3) 외교 4) B2C 5) B2B

본문

01. 정부와 공인된 단체, 각 나라의 대표

02. 1) X 2) O 3) O

03.

• 모든 종류의 모임을 뜻하고 가장 넓은 의미의 용어이다.	• 컨벤션과 비슷한 의미로 유럽쪽에서 주로 사용되는 용어로 참가자 수가 수천 명에 이르는 국제 규모의 큰 행사이다.
회의(meeting)	콩그레스(congress)

04. 1) 2) 3) 4)

컨벤션
컨퍼런스
포럼
심포지엄

05. ②

06. 주최자, 참가기업, 관람객/참관객, 전시장

07. 무역전시회, 대중전시회, 혼합전시회

08. ③

09. 1) O 2) O 3) X

과제활동

01. 1) 정치 · 외교적 효과 2) 경제적 효과 3) 사회 · 문화적 효과

02. ②

10장

어휘

01. 1) 폐광지역 2) 천재지변 3) 오락시설 4) 고부가가치산업 5) 광역시

02. 1) 도박중독증 2) 사행사업 3) 세수증대) 4) 고용창출 5) 외화가득률

본문

01. ③

02. 문화체육관광부장관, 제주도지사

03. 1) 신규허가 2) 변경허가 3) 조건부영업허가

04. ④

05. 1) O 2) X 3) X

06. 1) 2) 3)

다이사이(TAISAI)라고 하는 주사위를 사용한 게임이다.

21(Twenty One)이라고 불리는 이 게임이다. 카지노 테이블 게임 중 가장 인기가 높은 게임이다.

휠이 돌아갈 때 작은 공이 휠의 어떤 번호에 떨어질 것인가를 맞추는 게임이다.

과제활동

01. ④

02. ④

11장

어휘

01. 1) 경관 2) 암각화 3) 여가선용 4) 휴양 시설 5) 관람시설

02. 1) 일조량 2) 구릉 3) 방갈로 4) 온천 5) 산악지형

본문

01. 휴양에 적합한

02. 숙박, 음식, 매력물

03. ②

04. 1) X 2) O

05.

해양형	수상스키, 스킨스쿠버, 요트, 윈드서핑
산악형	스키, 골프, 등산, 행글라이더, 삼림욕장, 캠핑장

06. 1) X 2) O 3) O 4) X

07. 골퍼, 골프코스, 골프용구

08. 스트로크플레이방식

09.

구분	스파리조트	워터파크리조트
주 고객층	여성이나 노년층	어린이를 동반한 가족
주요시설	고급목욕시설, 워터파크, 찜질방	미끄럼틀, 인공폭포, 인공파도타기 등 물놀이 시설, 건강시설, 휴식공간, 편의시설

과제활동

01. 1) O 2) O

02. 1) ③ 2) ① O ② X

12장

어휘

01. 1) 핵심 편익 2) 관광 매력물 3) 표적 집단 4) 공공서비스 5) 제천의식
02. 1) 박람회 2) 참여율 3) 공동체의식 4) 인위적 5) 일제강점기

본문

01. ①
02. ① O ② O
03. ④
04. ① 유 ② 프
05. 이벤트 내용
06.

본질적 특징	긍정성, 계획성, 비일상성
내용적 특징	체험성, 교류성, 이동성, 교육성

07.

축제이벤트	즐거움(fun), 체험, 감동
산업전시 · 박람회	정보교류, 교역의 기회

08. ④
09. 88서울올림픽, 2002 FIFA 월드컵, 2012 여수세계박람회, 2018 평창 동계올림픽 중 2개
10. ②
11. 1) 자연 2) 특산물 3) 음식
12. ①

과제활동

01. 1) O 2) O
02. 1) ④ 2) ① X ② O

13장

어휘

01. 1) 통계자료 2) 계량화되 3) 갱신주기 4) 오픈마켓
02. ①

03. 1) 정보 홍수 2) 창출 3) 판촉 4) 잠재관광수요 5) 구전

04. ②

본문

01. 알림사항

02. ①

03. ①

04. 사업정보

05. 1) ㉡ 2) ㉠

06.
1) 호텔 •	• 전자발권, e-Ticket Paperless 시스템
2) 여행사 •	• 관광소비자와 실시간 네트워킹
3) 항공사 •	• 자체 예약서비스, 스마트 앱

07. ③

08. 1) X 2) O 3) O

과제활동

01. 1) X 2) O

02. 1) ② 2) ① X ② O

어휘색인

저자소개

■ 신덕상

서울대학교 사회복지학과 졸업
중앙대학교 대학원 인적자원개발정책학 박사
현 서정대학교 국제교류처장
전문대학교 국제교류부서장협의회 회장

■ 이미선

충북대학교 일반대학원 국어교육 박사
충북대학교 교육대학원 외국어로서의 한국어교육 석사
현 서울불교대학원대학교 다국어교육전공 교수
서정대학교 항공관광과 강사

■ 이윤

극동대학교 일반대학원 경영학 박사
가천대학교 관광경영학 석사
현 숭의여자대학교 호텔관광과 겸임교수
전 극동대학교 호텔관광경영학과 겸임교수

■ 오현정

상명대학교 일반대학원 한국언어문화 박사
(중국)대련이공대학교 외국어언어학 및 응용언어학 석사
현 서정대학교 한국어교육센터 강사
한국열린사이버대학교 겸임교수

■ 김희선

고려대학교 교육대학원 외국어로서의 한국어교육 석사
현 덕성여자대학교 글로벌교육원 강사
전 일본 오사카 駿台観光&外語専門学校/SUNDAI 강사

글로벌 관광비즈니스
Global Tourism Business

초판 1쇄 인쇄 / 2022년 8월 25일
초판 1쇄 발행 / 2022년 8월 30일

공저자 / 신덕상, 이미선, 이윤, 오현정, 김희선
발행인 / 이 중 수
발행처 / **동 문 사**

서울특별시 서대문구 홍제원 1길 12
(홍제동 137-8)
Tel: 02)736-3718(대), 736-3710, 3720
Fax: 02)736-3719

등록번호: 1974.04.27. 제9-17호
가격: 23,000원

ISBN: 979-11-6328-457-4 (93320)
E-mail: dong736@naver.com
www.dongmunsa.com